東大寺の暗号

関 裕二

講談社+α文庫

はじめに

東大寺《とうだいじ》は、不幸な寺だ。「美」という視点で、世間一般から正当な評価を得ていない。法隆寺《ほうりゅうじ》と並ぶ至宝にあふれた寺であるにもかかわらず、ほとんど知られていない。

多くの日本人が、一度は訪ねている。小学校から高校までの遠足や修学旅行の定番だから、奈良公園の芝生と鹿のフンと東大寺は、セットになって記憶されているはずだ。

印象はといえば、「ただ大きい寺」「文字通り、巨大な大仏」「鹿がお辞儀をしてせんべいをねだるところ」「おみやげ屋が並んでいる子供相手のお寺」といったところか。だから、

「一度観たから、わざわざ行く必要はない」

「大人になって行く場所じゃない」

という感想をもってしまうのだ。

ならば聞くが、転害門《てがいもん》を訪ねたことはあるのだろうか。創建以来、東大寺を守りつづけてきたこの門の美しさはどうだ。単純な直線が作り出す世界中の造形物の中で、転害門を越える美を、観たことがあるだろうか。これと肩を並べる直線の美は、住吉《すみよし》大社《たいしゃ》（大阪市住吉区）の国宝本殿ぐらいしか思いつかない。

戒壇院《かいだんいん》を見逃しているのではあるまいか。忿怒《ふんど》の表情を見せる塑像《そぞう》群の凜《りん》とした姿を拝んだことがあるのだろうか。

修学旅行の時、三月堂《さんがつどう》も行っているはずなのだが、ぞろぞろ行列を作って歩いただけで、ろくに仏像を拝んでいなかったのではなかったか。

正倉院展《しょうそういんてん》を楽しみにしている方は、正倉院の至宝とは、要するに東大寺のお宝だということを、お忘れではあるまいか。大仏殿正面の八角灯籠《はっかくとうろう》を、素通りしているのではあるまいか。

大仏さんにしたって、あれだけの大きさで、バランスを崩していない。巨大な仏像なのに、驕《おご》りを感じさせないではないか。そして、西側の大きな門に掲げられていた単なる「額」なのに、ため息が出るほど美しい西大門勅額《さいだいもんちょくがく》は、いったいなんなのだ。

断言しておくが、東大寺は日本の仏教美術史上、超一級の美を誇る、至宝なのである。通うたびに違った顔を見せる不思議な寺だ。知れば知るほど謎が増す、興味深い寺なのである。比較するのは申し訳ないが、お隣の興福寺《こうふくじ》（奈良市）とは、月とスッポンほどの差がある。亜流《ありゅう》の阿修羅《あしゅら》像にうつつを抜かしている場合ではないのだ。

しかし、ここでふと、大きな謎に気づかされる。

東大寺建立《こんりゅう》を発願《ほつがん》したのは、言わずと知れた聖武《しょうむ》天皇だ。この人物や周辺を固めた人脈の多くは、醜聞《スキャンダル》にまみれている。ろくな噂がたっていない。とくに、高貴な女人たちが、色欲に狂ったという話が多い。

独身女帝が怪僧道鏡《どうきょう》に懸想《けそう》し、皇位につけようとした話は、ご存じだろう。この女帝こそ、聖武天皇の娘の称徳《しょうとく》（孝謙《こうけん》）天皇であった。聖武天皇の皇后・光明子《こうみょうし》にも、僧・玄昉《げんぼう》との間に、スキャンダルめいた話がある。

東大寺建立に関して、とある政争の場面で、「何でこんな事業を行ったのだ」「端緒を開いたのはそちらのほうであろう」と、なじり合ってもいる。国家財政は疲弊し、民は重税や重労働に苦しんでいたようなのだ。

そして、聖武天皇は謎の彷徨《ほうこう》をくり返し、一度は紫香楽宮《しがらきのみや》（滋賀県甲賀市《こうかし》信楽町《しがらきちょう》）

に大仏を造営しようと目論《もくろ》むも断念。ようやくの思いで平城京《へいじょうきょう》の東側に東大寺を建立したのだった。史学者に「ノイローゼ気味だった？」と、疑われるのも、当然のことであった。

結局、天皇権力の濫用《らんよう》によって、巨大寺院は完成した。ならば東大寺とは、無用の長物だったのだろうか。皇室の倫理観は破綻し、多くの民が「天皇のご乱心」に苦しめられたということなのだろうか。

けれども、どうにも納得できない。なぜ東大寺は、美しいのだろう。醜聞まみれの人脈の中で造られながら、なぜ東大寺はすがすがしい霊気を放っているのだろう。

これは不思議なことなのだが、仏像や工芸品には、必ず時代の雰囲気や施主《せしゅ》の心根が写し出されるものなのだ。平安時代の貴族たちが造り上げた仏寺には、堕落を感じてしまう。

たとえば宇治《うじ》の平等院《びょうどういん》（京都府宇治市）は、確かにきれいで贅《ぜい》をこらしていることはわかるが、心を揺さぶる迫力に欠けている。血と心が通っていないのだ。工人《こうじん》や仏《ぶっ》師《し》たちは、持てる力を出し切っているのだろうが、「それ以上の何か」を感じられないのだ。それはそうだろう。末法《まっぽう》の時代、平安貴族たちは、「せめて自分たちだけは浄土《じょうど》に導かれたい」と願い、豪奢《ごうしゃ》な仏寺と阿弥陀如来《あみだにょらい》を造り続けた。これでは、工人や仏師が魂を込めた仕事をするはずがない。

これに対し、東大寺は、まったく異なる。すべてが凜《りん》としていて、精神が張り詰めているのである。工人や仏師たちの魂がこもっている。妥協がない。非の打ちどころがない、完璧な美なのである。

なぜ、堕落していたはずの天平《てんぴょう》の政局の中で、このような「桁違《けたちが》いの美」が生まれたのだろう。それは、泥中《でいちゅう》の蓮《はちす》なのだろうか。

創建当時のみならず、再建されるたびに、東大寺には新たな美が加わっていった。代表的な例は、鎌倉時代に再建された南大門の仁王像《におうぞう》だ。運慶《うんけい》・快慶《かいけい》作とされ、力強い大胆なフォルムだ。比類のない迫力に満ちている。超一流の仏像だ。しかも、天平時代と同じように、他の寺にはない「張り詰めた精神の糸」を感じる。厳しく、妥協のない仏師の魂が宿っている。これが東大寺のＤＮＡなのではないかとさえ思えてくるのである。

それにしても、東大寺は、なぜ美しいのだろう……。

われわれは学校の授業で、「南都《なんと》仏教（奈良の仏教）は腐敗してしまった。だからこそ平城京は捨てられた」と教わってきた。具体的には、称徳天皇が道鏡を天皇に引き上げようとしたこと、称徳天皇のみならず、聖武天皇の母・宮子《みやこ》や、皇后の光明子にも、怪僧・玄昉とのスキャンダルが取り沙汰される。怪僧、高僧、巷《ちまた》にあふれる乞食《こじき》坊主《ぼうず》、そろいもそろって、政局を左右するほどの力を発揮していたのが、天平という時代の特徴であった。すなわち、南都仏教の腐敗とは、仏教界が政治の世界、俗世界にあまりにも接近しすぎたことを指していたことがわかる。そして、南都仏教の中心に立っていたのが東大寺であり、事実こののち詳しく述べていくように、東大寺は聖武天皇の思いを具現化するために生まれたような寺であった。

問題は、仏教界を政治の世界に引きずり込んだのが、聖武天皇だったこと、のちの政権が聖武天皇の存在を煙たく思っていたことにある。長岡京《ながおかきょう》、平安京遷都《へいあんきょうせんと》を敢行した桓武《かんむ》天皇に至っては、当初「新都には仏教を持ち込まない」と考えていたぐらいだ。聖武天皇の切り開いた政治手法は、根本的に否定されたのである。

すると、「なぜ聖武天皇は、仏教界を政治に利用したのか」、ここに大きな謎が隠されていたと思い至る。さらに突き詰めていくと、「仏教界の腐敗」とは、「聖武天皇の政敵側からの一方的な言い分」なのであって、「腐敗し堕落した聖武天皇と南都仏教」

という図式をわれわれが鵜呑《うの》みにしてきたからこそ、奈良時代の謎が解けなかったのではあるまいか。

正確に言えば、かつての史学界は、奈良時代の歴史にさしたる謎を見出すこともできなかったのである。

しかし、もう無視できない。東大寺が輝いて見えるのはなぜなのか。東大寺が何度も復活し、いまだに輝きを失っていないのはなぜだろう。「われわれの訴えが伝わらなければ、朽ち果てるに朽ち果てられぬ」、という執念を、東大寺が持ちつづけているのではないかと思えてくるのである。

東大寺と天平の歴史には、謎があった。ほとんどの人間が気づいてこない謎だ。そして、東大寺に隠された秘密を探っていくと、天平の政争だけではなく、ヤマト建国から奈良時代に至る、日本を二分する勢力の相剋《そうこく》と融合という、長い歴史が隠されていることがわかってくる。東大寺に歴史は封印されていたのだ。

東大寺は、ヤマトの成り立ちと歴史そのものを背負い込み、永い沈黙を守ってきたのだった。東大寺そのものが、ヤマトの歴史をひもとく「巨大な暗号」であり、また古き良き時代のヤマトの墓標だったのである。

それだけではない。東大寺建立の歴史を探っていくうちに、謎めく「天皇」の正体を知るためのヒントがあぶり出されてきたのである。

奈良時代、藤原《ふじわら》氏は朝堂《ちょうどう》の独占を目論み、律令《りつりょう》（法律）と「天皇権力」を巧みに使い分けた。法律を楯《たて》に政敵を圧倒したが、時には天皇の超法規的な命令を引き出しては、政敵を黙らせた。藤原氏の都合に合わせて、法律を優先したかと思うと、違う場面では、法律を無視し、天皇の命令を絶対視した。この結果、本来は祭司王《さいしおう》にすぎなかった天皇が、いつのまにか法に縛られない権力者に化け、しかも、ある時期を境に、藤原氏のコントロールが利かなくなってしまったのだ。

藤原氏は焦り、対抗策を練る。かたや、聖武天皇は迷走し、挙げ句の果てに巨大な東大寺を建立した。さらに娘の称徳（孝謙）天皇は、怪僧道鏡を天皇に立てようと奔走した……。そして、その顚末《てんまつ》は……。

東大寺には、奈良時代の藤原氏と天皇家の葛藤《かっとう》の傷痕が残されていたのである。では、古き良き時代の日本の美が、この寺に残されたのはなぜなのか。

東大寺に隠された暗号を、読み解いていきたい。

関　裕二

目次◉東大寺の暗号

第二章　東大寺の謎 59

第四章　復讐する天平の女たち　161

第五章　東大寺の暗号　205

東大寺の暗号

第一章
なぜ東大寺は建てられたのか

創建時の大仏殿は間口が約86m。現在は約57m。

東大寺は権力者の手で造られ守られた?

東大寺は、天皇家の寺だ。ただし泉涌寺《せんにゅうじ》(京都市東山区泉涌寺山内町《やまのうちちょう》)のように、皇族の菩提《ぼだい》を弔《とむら》うために建てられたのではない。平城京の北東の鬼門《きもん》に設けられた、国家鎮護《ちんご》の寺であった。平安京の比叡山延暦寺《ひえいざんえんりゃくじ》や、江戸の浅草寺《せんそうじ》のような役目を負わされていたのである。

ただし、東大寺の前身となる山房は、きわめて個人的な目的で建てられた。神亀《じんき》五年(七二八)九月、生後一年を待たずに夭逝《ようせい》してしまった基《もとい》皇子《のみこ》の菩提を弔うために、聖武《しょうむ》天皇が九名の僧を、ここに住まわせたのだった。これがのちに、金鐘寺《こんしゅじ》となる。現在の二月堂《にがつどう》の北側一帯と考えられている。

一方、東大寺は天皇の権威と権力によって国家のために造られた。天平《てんぴょう》十五年(七四三)冬十月十五日、聖武天皇は大仏発願《ほつがん》の詔《みことのり》の中で、次のように述べる。

夫《そ》れ、天下《あめのした》の富《とみ》を有《たも》つは朕《われ》なり。天下《あめのした》の勢《いきほひ》を有《たも》つは朕《われ》なり。この富《とみ》と勢《いきほひ》とを以《もち》てこの尊《たふと》き像《ざう》を造《つく》らむ。

天下の富と権力を持っているのは朕（私）だ。その富と権力を使い、大仏を造ろうと思う、というのだ。何と傲慢《ごうまん》な態度であろう。

聖武天皇だけではない。東大寺は、権力者によって保護され、焼失するたびに再建されていくのである。

治承《じしょう》四年（一一八〇）十二月二十八日、平重衡《たいらのしげひら》の南都焼き討ちで、東大寺、興福寺が焼け落ちた。翌年六月、東大寺再興の詔が発せられるが、この時、尽力したのは源頼朝《みなもとのよりとも》であった。

永禄《えいろく》十年（一五六七）十月十日、松永久秀《まつながひさひで》が東大寺に火をかけ、再び焼失した。この時は、戦国末期の錚々《そうそう》たる顔ぶれが、再建に協力している。永禄十一年（一五六八）、正親町《おおぎまち》天皇が大仏再建の綸旨《りんじ》を諸国に下し、のちに武田信玄《たけだしんげん》、徳川家康《とくがわいえやす》、織田《おだ》信長《のぶなが》、豊臣秀吉《とよとみひでよし》らが、復興に尽力している。

やはり東大寺は、権力者の手で造られ、権力者の手で守られた寺というイメージが強い。

修学旅行で引率の教師から、「東大寺建立で民は搾取《さくしゅ》され、苦しめられた」と教えられ、「巨大な建造物は愚行の残骸」と感じとった学生も少なくないはずだ。

事実、天平の世は、天変地異が頻発《ひんぱつ》し、人々は飢餓《きが》や疫病に悩まされつづけた。この時代、けっして民は豊かだったわけではない。東大寺建立が、民の困窮に拍車をかけた可能性がある。

山上憶良《やまのうえのおくら》の貧窮問答歌《ひんきゅうもんどうか》は、まさにこの時期に歌われた。歌の内容は、貧しい者（貧）がもっと貧しい者（窮）と会話するもので、まず貧者は次のように言う（ともに抜粋）。

「風が吹き雨が降る晩、雨に混じって雪が降る晩、なすすべもなく寒い時は、堅塩《きたし》を舐《な》め、糟湯酒《かすゆざけ》を啜《すす》り、咳《せ》き込んで、鼻はぐちょぐちょになる。寒い夜なのに、私よりも貧しい人の父母は、飢えて震えていることだろう」

すると、もっと貧しい者は、次のように嘆く。

「日月は明るいと言うけれども、私のためには照ってくれない。人みんなにそうなのだろうか。私だけなのだろうか。人として生を享《う》け、人並みに五体満足なのに、綿もない粗末な服をまとい、甑《こしき》（飯などを蒸す器具）には蜘蛛《くも》の巣が張って、飯を炊くことも忘れている。こんなにつらいものなのだろうか、この世は」

まさに、生きる希望さえ失った民の苦しみが、今に伝わってくる。貧しい時代、なぜ聖武天皇は東大寺建立を急いだのだろう。

驕りを感じさせない寺

これはとても不思議なことなのだが、東大寺は権力者の寺にしては、驕りが感じられないのである。じつにすがすがしく、禅寺とよく似た質樸《しつぼく》さと厳しさを、常に感じるのである。

たとえば、東大寺最大の祭り（法会《ほうえ》）にお水取《みずと》りがある。正式名は修二会《しゅにえ》で、奈良に春の訪れを知らせる祭りとしても名高い。

この祭りが、じつに厳《おごそ》かで感動的なのだ。毎晩、二月堂でくり広げられる達陀《だったん》や走りの行法《ぎょうほう》、お松明《たいまつ》はどれ

二月堂の名称は、旧暦二月に「修二会（お水取り）」が行われることから。

も感動的で、声明《しょうみょう》の声が、天平の空気を今に伝えるのである。
松尾芭蕉《まつおばしょう》の句が残されている。

水取《みずとり》や氷（こもり）の僧の沓《くつ》の音

天才芭蕉が何を言わんとしているのか、現実に二月堂に赴かなければ、意味はわかるまい。けれども、早春の凜と張り詰めた空気の中でくり広げられる荘厳な儀礼を、少しは理解していただけるのではあるまいか。

お水取りの起源は古く、天平勝宝《てんぴょうしょうほう》四年（七五二）に実忠和尚《じっちゅうかしょう》によってはじめられたという。つまり、大仏開眼《かいげん》のまさにその年に、すでに修二会ははじめられていたわけである。

修二会の目的は、『十一面神咒心経《じゅういちめんしんじゅしんぎょう》』にもとづいて、十一面観音に国家や社会、民の犯した罪を懺悔《さんげ》する行法だ。天平時代から今日に至るまで、一度も中断することなくつづけられた、由緒正しい法会である。

ただ、四回、お水取りの危機はあった。治承四年（一一八〇）の平重衡の南都焼き討ちの時は、年末のことだけに、お水取りは中止と決まった。しかし、伝統が途切れたら悔いが残るという理由で、無理を押して行われたという。永禄十年（一五六七）

の、松永久秀によって大仏殿が焼失した時が第二の危機、そして、寛文《かんぶん》七年（一六六七）のお水取りの十三日目、二月堂から出火したが、仮のお堂を造り、十四日目の行をつづけたという。さらに、昭和二十年（一九四五）は、灯火管制が敷かれていたため、火の明かりを外に漏らさないようにして、行は行われた。こうした東大寺の努力によって、お水取りは天平以来断絶することなくつづけられてきたのである。

この法会に参加する僧たちは、まさに修験者《しゅげんじゃ》のようなりりしさで、世間一般の欲に呆けたなまくら坊主どもとは、比ぶべくもない（すべての僧が「なまくら」だというわけではないが）。

修二会だけではない。東大寺は「美」という観点でも、ずば抜けている。仏像鑑賞がちょっとしたブームになっているが、「本物の仏像」を見逃して、亜流の仏像の人気が高いのは、困ったものだ。

二〇〇九年の秋、興福寺では「興福寺国宝特別公開二〇〇九　お堂でみる阿修羅」が催された。たまたま脇を通り、仰天した。冷たく強い雨の中、傘をさした人たちが、長蛇の行列を作っていたからだ。土日には、数時間並ぶのだという。

門の額だけでも驚きの東大寺

阿修羅は一級品だが、「超一流」ではない。四時間も五時間も並んで拝観する必要が、どこにあるのだろう。筆者はあきれて、奈良国立博物館の常設展に向かった。たまたま入り口に展示してあったのが、「東大寺西大門勅額《ちょくがく》」（現在は東大寺ミュージアムに展示）で、要するに、東大寺の西大門にかけられていた額だ。門そのものは現存しないが、天平宝字《てんぴょうほうじ》六年（七六二）に建てられた（あるいは修造された）ことがわかっている。額には、東大寺の正式名称「金光明四天王護国之寺《こんこうみょうしてんのうごこくのてら》」の文字が刻まれ、これは聖武天皇の筆になるといい、そこで「勅額」と名乗っている。

額字は男性的で素晴らしいのだが、それよりも、額の縁に陣取る八体の仏像が魅力的で、目が釘付けになった。鎌倉時代に修造された時、快慶が造ったのではないかと考えられている（異論もある）。小振りな仏像なのに、迫力がある。なにしろ力強い。

東大寺の美は、「門の額だけでこれだけ凄い」のである。

仏像は、信仰の賜物《たまもの》である。恐ろしいほど、施主の魂、気持ちが、そのまま写し出される。おそらく、施主の心根を仏師や工人たちが敏感に感じとるのだろう。いくら金を積み上げても、よい仏像ができるわけではない。悩み苦しみ、心の底から仏にすがりたいと願う者が造らせた仏像だからこそ、仏師は力を振るい、高い霊性がわれわれに伝わってくるのである。

その点、東大寺の仏像群は、どれもこれも、高く純粋な信仰に支えられているように思えてならない。けっして、驕り高ぶった権力者の編み出した造形ではない。

東大寺に、「貫かれた厳しさ」を感じる。傲慢でも強欲でもない。「自らを律する力」と言えば、わかってもらえるだろうか。

戒壇院《かいだんいん》の四天王像の表情が、象徴的である。

これらは最初からここにあったのではない。どこから持ってこられたのかも、はっきりとわからない。天平時代には金銅製《こんどうせい》の四天王像が安置されていたが、戒壇院は焼失し、再建され、現在の塑像が移されてきた。とは言っても、現存の四天王像も天平時代の作品で、日本を代表する仏像群と言っても過言ではない。

忿怒《ふんど》、沈黙、半眼、威嚇などなど、表情の豊かさ、描写の正確さは、卓越している。今にも動き出しそうな臨場感がある。

民の力を寄せ集めて造られた東大寺

なぜ東大寺は、かくも美しく、凜としているのだろう。とても、権力者の驕りから造られた寺とは思えない。

先述した大仏発願の詔、全文を読み直すと、奇妙なことに気づかされる。東大寺は単純な「権力を誇示するためのオブジェ」だったとは思えなくなってくるのである。

そこで、件《くだん》の詔の全体を読み返してみよう。

天平十五年冬十月十五日、聖武天皇は詔して次のように述べられた。まず、前半部分である。


朕は徳が薄いにもかかわらず、大位《たいい》（天皇位）を承《う》け、志は広く多くの人を救うために、人物を撫育《ぶいく》してきた。土地の果てるまで、慈《いつく》しみは行き届いているが、天下すべてに法恩は広まっていない。まさに三宝《さんぼう》の威と霊の力を頼り、天と地は安泰《あんたい》となり、万代《よろずよ》の事業を行い、生きとし生けるものすべての繁栄を望む。そこで朕は菩薩の大願《だいがん》を起こし、盧舎那仏《るしゃなぶつ》の金銅像を造ろうと思う。国中の銅を集めて鋳造《ちゅうぞう》し、山を削って堂を造り、広く仏法を広めて朕は仏道に貢献しよう。そして、朕もみなも同じように、利益《りやく》を蒙《こうむ》り、菩提の境地に至ろうではないか。

つまり聖武天皇は、仏教の教えに従って国家の安寧を求め、菩薩の大願を起こし、大仏建立の意図を述べた。その上で、先の傲慢な言葉が発せられたのだ。けれども、そのあとを読めば、真意がつかめてくる。詔の後半は、以下のように続く。

天下の富、権勢を持つのは朕である。だから、この富と権勢をもって尊き像を造ろうと思う。事を成すことは簡単だろう。しかしそれでは、造仏の理念にそぐわない。だからといって無闇《むやみ》に人を使役し苦労させては、神聖な意味を理解してもらえないだろう。不満を持ち非難する人が出て、罪人になってしまうことを恐れる。だから、造仏事業に共感し貢献しようとする者は、至誠をもち、各々が幸福を招く気持ちで、毎日三度盧舎那仏を拝むべし。自ら念じて、盧舎那仏を造るべし。もし、さらに、一枝《ひとえだ》の草、ひとつかみの土をもって像を造ろうと願う者がいれば、これを許せ。各地の役人は、これを根拠に百　姓《おおみたから》を酷使してはならない。寄付を強要してもならない。方々《ほうぼう》にこの詔を伝え、朕の気持ちを伝えてほしい。

このように、詔全文を読めば、聖武天皇の目論見がはっきりとする。「富と権力をもって寺院を建立するのは簡単だが、それでは意味がない。みなの力を持ち寄って、寺を造ろうではないか」、と呼びかけていたわけである。

私度僧《しどそう》の頭領 行基《ぎょうき》を抜擢《ばってき》した聖武天皇

一枝の草、庶民の小さな力を集めたいという話、聖武天皇の本心であろう。行基を大抜擢していることが、何よりの証拠である。

行基は天智《てんじ》七年（六六八）に、河内国大鳥郡《かわちのくにおおとりのこおり》（大阪府堺市《さかいし》）に生まれた。俗姓《ぞくせい》は高志《こし》氏で、百済系渡来人《くだらけいとらいじん》の書《ふみ》（文《ふみ》）氏と同族である。天武《てんむ》十一年（六八二）、十五歳で出家し、道昭《どうしょう》に師事したと考えられている。

道昭は法相宗《ほっそうしゅう》（南都六宗のひとつになった）の学僧で、俗姓は船連《ふねのむらじ》だ。唐《とう》に渡り玄奘《げんじょう》（三蔵法師《さんぞうほうし》）に愛され、同房に暮らすことを許され、多大な影響を受け帰国した人物だ。法興寺《ほうこうじ》（飛鳥寺《あすかでら》）の東南の隅に禅院《ぜんいん》（禅寺）を建て、また、各地を巡り、最先端の知識を駆使し、井戸を掘り、船を造り、橋を架け、慈善事業に励んだ。行基は、道昭から多くを学んだ。行基が慈善事業を展開し、人々に慕われていくのは、道昭からの教えを忠実に守ったからだろう。

この時代、重税や労役に苦しみ喘《あえ》ぎ、借金をして首が回らなくなり、ついに故郷を捨て、放浪する者があとをたたなかった。彼らのなかには優婆塞《うばそく》や私度僧となって、朝廷を悩ませる者も現れた。優婆塞とは在俗の信者、私度僧とは正式な許可を得ずに

近鉄奈良駅前の広場に建つ行基像。

得度《とくど》した僧で、ようするに乞食坊主である。僧には納税や労役の義務がなかったから、優婆塞、私度僧は増殖していったようだ。

また、まじめに税を払うつもりの人間でも、放浪の途中で行き倒れになる者が頻出した。慶雲《けいうん》元年（七〇四）頃から、このような人々を救済するために、行基は各地に橋を架け、堤《つつみ》を造り、道路を整備し、布施屋《ふせや》を設けて、道行く人々の便宜を図った。東大寺建立には、これら優婆塞や行基らが携わっていくのだが、当初、朝廷は彼らを弾圧していた。

行基の活動を当初は断罪した朝廷

養老《ようろう》元年（七一七）四月二十三日、元《げん》

正《しょう》天皇は詔して、百姓たちが勝手に僧の格好をすることを禁じ、僧の物乞《ものご》いにも、厳格な規則を言い渡した。その上で、次のように告げている。

小僧行基は、弟子らとともに出没し、徒党を組んでいたずらに説経をし、ものを乞い、聖道と偽って人びとを幻惑している。風俗は乱れ、人びとはみな仕事を放り出してしまっている。これは本当の仏道ではなく、法令に違反している。

と、行基を小僧呼ばわりして、布教活動を批判し、朝廷はこれを弾圧するというのだ。

さらに天平二年（七三〇）九月二十九日、聖武天皇は次のように行基らの一団を非難し、取り締まることを告げている。

平城京の東側の山に多くの人々を集めて妖言《ようげん》を吐いて人びとを惑わす集団がある。多いときには一万人、少ないときでも数千人はいる。これは深く法に違反している。もしこれからも取り締まることなく逡巡《しゅんじゅん》していては害となるであろう。

少ないときでも数千人、多いときには一万に上る人々が、都のすぐ近くで気勢をあげているというのだから、ただごとではない。私度僧が増えるのを許していては、税体系そのものが崩れる。国家が成り立たなくなるのだから、彼らを取り締まるのは、当たり前のことだ。

ところが聖武天皇は、ある時期を境に、彼らにすり寄っていくのである。

天平三年（七三一）八月七日、最初の変化が現れる。聖武天皇は次のように詔した。

行基法師《ほうし》に師事する優婆塞と優婆夷《うばい》（女性の在俗信者）の中で、法令に従って修行する者は、男で六十一歳以上、女で五十五歳以上は、入道《にゅうどう》を許す。そのほかの鉢《はち》を持って道を行く者（托鉢《たくはつ》僧）は、所管の役所に連絡して、絡め捕らえるように。

聖武天皇は、少し歩み寄っている。どのような心境の変化があったのだろう。

同じ年の十一月十六日の『続日本紀《しょくにほんぎ》』の記事に、興味深い一節が残される。聖武天皇は車駕《きょが》（天皇の乗り物）で京中を巡幸《じゅんこう》した。道すがら、牢獄のあたりを通ったとき、囚人どもが悲しみ叫ぶ声を聞いた。天皇は憐れんで、使いを遣わし、罪状の軽重を再審査させた。そして、恵みを下し、死罪以下の罪を許し、衣服を賜って行いを改めさせたという。

行基は権力者に媚《こ》びたのか

籠《かご》の中で純粋培養された聖武天皇にとっては、衝撃的な事件だったのではあるまいか。おそらく、囚人たちの叫ぶ声が聖武天皇の耳に達したとき、役人たちはあわてたに違いない。囚人たちを威嚇し、静まらせようとしただろう。けれども聖武天皇は、それを制し、囚人たちの苦しみを正視したのである。

天平十五年十月十五日、すでに触れたように、聖武天皇は大仏発願の詔を発したが、同月十九日、聖武天皇は紫香楽宮にはじめて盧舎那仏の像を造るための土地を開いた、また行基法師が、弟子たちを率いて、人びとに仏像建立を勧めて誘ったという。行基は朝廷に弾圧される者から、朝廷の事業に協力する者になったのだった。

天平十七年（七四五）正月、行基は大僧正《だいそうじょう》に任ぜられた。日本の仏教界の頂点を極めたことになる。天平勝宝元年（七四九）二月二日に右京《うきょう》菅原寺《すがわらでら》で亡くなった。時に八十二歳だった。

『続日本紀』行基卒伝には、次のようにある。

和尚《わじょう》は純粋で天賦《てんぷ》の才能に満ち、若いころから高い品性を備えていた。はじめ出家したとき（天武十一年［六八二］）、瑜伽《ゆが》と唯識論《ゆいしきろん》を読み、すぐに何を意味するかを悟った。早い段階で、都や各地を周り、多くの人々を教化したため、僧侶や俗人たちの中に慕う者が多く、付き従う者は千人単位で増えていった。和尚がやってくると聞けば、往来に人はいなくなり、競って和尚の元に集まり礼拝した。相手の器量によって導き、すべての人を善に導いた。また、自ら弟子を率い、要害の地に橋を造り堤を築いた。噂を聞きつけた人は、みなやってきて手伝ったので、あっという間に完成した。民は今に至るまで、利益を蒙《こうむ》っている。聖武天皇は、行基を敬い重用した。大僧正の位を授け、供養のために四百人を出家させた。行基のまわりでは、霊妙なことがいっぱい起こったため、人々は「行基菩薩」と名付けた。行基が赴いた土地には、みな道場が建てられた。畿内《きない》には四十九ヵ所、畿外諸道にも、いくつか建てられた。弟子たちは、道場と教えを引き継いでいる……。

これが、行基の一生であった。

かつて、史学者の中には、行基が大仏建立に荷担《かたん》したことを、「転向」と呼び、権力者に媚びたと非難する例があった。しかし、本当にそうだろうか。

そこで問題となってくるのは、東大寺の性格である。何のために大仏造立《ぞうりゅう》を聖武は発願し、行基を抜擢したのだろう。

盧舎那仏造立のきっかけ

聖武天皇が盧舎那仏の建立を決意したきっかけについて、『続日本紀』は次のように記録している。

天平勝宝元年十二月、聖武太上《だいじょう》天皇（上皇）が発した詔である。

去る辰年《たつのとし》（天平十二年［七四〇］）、河内国大県郡《おおかたのこおり》の知識寺《ちしきじ》に鎮座《ちんざ》する盧舎那仏を礼拝し、朕も造り奉《たてまつ》ろうと思ったが、できなかった。この間、豊前国《ぶぜんのくに》宇佐郡《うさのこおり》におわします広幡《ひろはた》の八幡大神《やはたのおおかみ》が、「神である私は、天神地祇《てんじんちぎ》を率い誘《いざな》い、必ず成就させてあげよう。特別なことをするのではなく、銅《あかがね》の湯を水にして、我が身を草木や土に交えて、障害なく成し遂げよう」と、仰せられた。喜ばしく尊いことだと思い、恐れ多いことだが、大神に冠位を献上しようと思う。

ここで突然、宇佐の八幡神が登場するのだが、その理由はここでは詮索せず、注目したいのは、天平十二年の河内行幸に際し、大県郡の知識寺を礼拝したことが、大仏造立発願のきっかけになったと語っていることである。

知識寺（智識寺）は、国家や大豪族が造った寺ではない。「善知識《ぜんちしき》（智識）」らが力を合わせて造った寺だ。「善知識」とは、人々に仏の道を説き、広め、信仰を勧める人のことだ。そして知識寺とは、有志を募り、金や労力を提供しあって築きあげた、庶民の寺である。

天平宝字四年（七六〇）六月七日の、光明子《こうみょうし》の崩伝には、次のようにある。東大寺と天下の国分寺《こくぶんじ》を創建したきっかけは、もとはと言えば、太后（光明子）の勧めたことなのだという。また、光明子は、悲田院《ひでんいん》と施薬院《せやくいん》を設け、天下の飢え、病める人々を治療し、助けた、と記される。

『続日本紀』は藤原政権下で編纂《へんさん》されたから、聖武天皇に冷たく、藤原氏の復興に尽力した光明子を褒め称えている。そのためこの文面をそのまま信じるわけにはいかないが、少なくとも、智識寺のあり方に感動した聖武天皇の背中を、光明子が押したのは確かであろう。そして、智識寺に触発されて東大寺の建立を発願し、悲田院、施薬院を設けるという趣旨は、まったく矛盾していないのである。

ところで、大仏発願の詔が天平十五年の十月に発せられたが、その年の正月十二日、聖武天皇は『金光明最勝王経《こんこうみょうさいしょうおうきょう》』を読ませるために、諸々の僧を金光明寺《こんこうみょうじ》（のちの東大寺）に集め、次のように述べているが、ここに、大仏建立のひとつの理由が語られている。

すなわち、四十九日《しじゅうくにち》の間、殺生《せっしょう》を禁じ、法会を行い、高僧を招き、仏の教えを広め、皇室に慶《よろこ》びが積まれ、人々は幸せになり、誰もが菩薩の乗り物に乗って、如来《にょらい》の座にすわりたいものだと述べ、最後に、「像法《ぞうぼう》の中興《ちゅうこう》」は、まさに今日なのだ、と断言している。

「像法の中興」とはいったい何だろう。

中国の南岳慧思《なんがくえし》が唱えた説に、釈迦入滅《しゃかにゅうめつ》後、「正像末《しょうぞうまつ》」の三つの時代が到来するという考えがあって、「正法《しょうぼう》」「像法」「末法《まっぽう》」とつづいていく。

「末法」なら、よく知られている。いくら修行を重ねても、悟りを得られない恐怖の時代で、平安貴族たちを震え上がらせた。

「正法」は、釈迦入滅後の五百年で、仏の教えと修行者、証果《しょうか》（悟り）が整った時期で、「像法」の時代は「正法」のあと千年続き、「正法」の時とよく似て、仏の教えと修行者が整った時代だ。最後の「末法」の一万年は、仏の教えだけが残り、修行者も証果もなくなるという。どのように修行してみても、証果は得られない、暗黒の時代である。

ちなみに、「正像末」の年代に関しては、経論《きょうろん》によって違いがあるので、ここに挙げた以外にも、異なる考え方がある。また、『日本霊異記《にほんりょういき》』の著者景戒《きょうかい》は、延暦《えんりゃく》六年（七八七）に、末法の時代に突入したと指摘している。最澄《さいちょう》も、平安時代初頭、

「間もなく末法の時代がやってくる」と告げている。

聖武天皇は、まさに「像法」の時代の象徴として、大仏造立を考えていたことが、件《くだん》の詔からわかるのである。

逆算すれば、仏法にすがる人々にとって、天平時代とは、迫り来る末法の時代を控えた、「漠然とした不安の時代」だったことになる。

東大寺と華厳《けごん》

聖武天皇が「像法の中興」を意識したとしても、巨大な東大寺が、なぜ必要だったのだろう。

ここで注目しておきたいのは、『華厳経《けごんきょう》』のことだ。聖武天皇は、華厳の教義に共鳴して大仏建立を発願していた可能性が高いからだ。

華厳とは何だろう。

大乗仏教経典《だいじょうぶっきょうきょうてん》に、蓮華蔵世界《れんげぞうせかい》を語る『華厳経』（『大方広仏《だいほうこうぶつ》華厳経』）と『梵網《ぼんもう》経《きょう》』（梵網経盧舎那仏説菩薩心地戒品《るしゃなぶっせつぼさつしんじかいほん》第十巻）がある。壮大な宇宙観を内蔵した教えで、悟りを開いた直後の仏陀《ぶっだ》の心境、境地をじかに表現したものだという。

『華厳経』は、真理の領域を「法界《ほっかい》」と呼ぶ。そして、世界と真理の関係を説いたのが、「四種法界《ししゅほっかい》」だ。それぞれの法界は、（１）事法界《じほっかい》、（２）理法界《りほっかい》、（３）理事無碍《りじむげ》法界《ほっかい》、（４）事々無碍法界《じじむげほっかい》の四つだ。

（１）事法界……物質の世界、現象の世界、現実に存在するものの世界。

（２）理法界……「理性《りしょう》」（空《くう》、不生《ふしょう》）の世界、精神の世界。

（３）理事無碍法界……物質と精神がつながっていることを理解する境地。『般若心経《はんにゃしんぎょう》』に言う、「色即是空《しきそくぜくう》　空即是色《くうそくぜしき》」。現象の中に、理性（空）が見出される。現象を裏から見れば、理性（空）であるということ。

（４）事々無碍法界……それぞれが独自性を保ちながら、何かしらの形でつながり、関係し、影響し合う宇宙を形成していると考える。

そして、このような思想に、雄大な宇宙観が加わり、『華厳経』や『梵網経』の説く理想世界（蓮華蔵世界）が展開されていく。

『華厳経』には、荘厳な蓮華蔵世界の様子が描かれている。そこには、下から上まで十重の風輪が連なり、一番上の風輪が、香水海《こうずいかい》を支えている。香水海には大蓮華《だいれんげ》がある。金剛山《こんごうせん》に囲まれ、大地もあり、大地の中には、さらに無数の香水海が散らばり、その中のひとつの香水海に蓮華が咲き、その蓮華の上に、さらに世界が広がり、無限につづき、最上階に、仏の国がある。仏の国の上にはさらに仏の国があって、十一の仏の国の上には、香水海があって……と、無数につながっていく。これが盧舎那仏の築きあげた蓮華蔵世界で、あらゆる人たちが悟りを得られるために完成した荘厳な浄土なのだ。だから大仏も、大蓮華の上に鎮座している。そして、聖武天皇が大仏を建立して造ろうとした世界が、まさにこの蓮華蔵世界であった。

たとえば、天平六年（七三四）の「勅旨一切経《ちょくしいっさいきょう》」の願文《がんもん》に、「一乗」の二文字があって、これは、仏になるための唯一の教えのことで、これが「華厳」を意味していると考えられている。

東大寺建立の根本思想

ところで『梵網経』は、天平五年（七三三）には、すでに日本に伝わっていた。後に東大寺の別当《べっとう》となる良弁《ろうべん》は、唐に渡って華厳宗《けごんしゅう》を学んできた新羅僧《しらぎ》・審祥《しんじょう》を金鐘寺《こんしゅじ》に招き、『華厳経』と『梵網経』を講義させている。聖武天皇もこれを聴聞《ちょうもん》して、二つの経典が、東大寺建立に強い影響力を及ぼしたと考えられる。

東大寺の大仏は、まさに華厳の教えにある盧舎那仏（毘盧舎那仏《びるしゃなぶつ》、光明遍照《こうみょうへんじょう》）だが、台座《だいざ》を二十八葉の蓮弁がとりまいているのは、『梵網経』の世界観である。

盧舎那仏は蓮華蔵世界の台《うてな》（『梵網経』には、「蓮華台蔵世界《れんげだいぞうせかい》」とある）に住み、まわりを千枚の葉が囲んでいる。その一葉一葉がそれぞれの小宇宙で、盧舎那仏は葉に化身となって住んでいる。それが釈迦で、東大寺では、千枚の葉は二十八枚で表現されている。千の葉の世界には、さらに百億の須弥山《すみせん》、百億の日月、百億の四天下があって、百億の菩薩と釈迦が、百億の菩提樹《ぼだいじゅ》の下で端坐されている。それら、百億の釈迦たちは、盧舎那仏の化身なのだ。

東大寺大仏殿には、創建当時の蓮弁が残されていて、そこには『梵網経』の示した蓮華台蔵世界が、細かく刻まれている（蓮弁線刻図）。ただし、『梵網経』はインドではなく、中国で造られた偽経《ぎきょう》で、『華厳経』の補助的な存在にすぎない。そこで大仏建立の根本思想は、『華厳経』と考えるべきだ、という指摘もある。

いずれにせよ、『梵網経』と『華厳経』の宇宙観が、東大寺で混淆《こんこう》していることは間違いない。ただし、根本を辿《たど》っていけば、『華厳経』に行き着く、ということであろう。

たとえば先述した大仏の二十八葉の蓮弁には、『梵網経』と『華厳経』、二つの宇宙観が合わさって描かれている。銅座蓮弁自体は、『梵網経』から造られているが、蓮弁画最下段の七葉の蓮華には、大蓮華を囲む金剛山と海波が描かれ、『華厳経』に基づく。さらに、『大智度論《だいちどろん》』や『倶舎論《くしゃろん》』の考えも含まれているという。

また『東大寺要録《とうだいじようろく》』巻一には、「娑婆《しゃば》を蓮華蔵に変じて舎那之大像を鋳《い》る」と語られている。『華厳経』を意識して、大仏が鋳造されていたことがわかる。

さらに、天平十五年の大仏建立の詔の中にある、「まさに三宝の威と霊の力を頼り、天と地は安泰となり、万代の事業を行い、生きとし生けるものすべての繁栄を望む」というフレーズが、そのまま『華厳経』の精神に通じている。

日本人の宇宙観に近い『華厳経』

巨大な大仏の造立と国分寺の造営は、日本全体を『華厳経』と盧舎那仏の織りなす雄大な宇宙観で染め上げようとする目的があったわけである。

ところで、古代の日本人に『華厳経』は馴染みやすかったのではないだろうか。アニミズム的、多神教的発想と、合致しているからである。

鎌田茂雄《かまたしげお》は『華厳の思想』（講談社学術文庫）の中で、次のように述べる。

日本人に受容された華厳は、しだいに日本人の自然観のなかに定着するに至った。名もなきもの、微小なるもののなかに無限なるもの、偉大なるものが宿っているという「一即多《いちそくた》」の思想は、日本人の生活感情にもぴったりするものがあった。野に咲く一輪のスミレの花のなかに大いなる自然の生命を感得《かんとく》することができるのは、日本人の直感力による。華道や茶道の理念にもこの精神は生きているのである。

まさに、『華厳経』は、日本人が抱く宇宙観に重なっているように思う。のちに空《くう》海《かい》は、東大寺別当職《べっとうしょく》につくが、真言密教《しんごんみっきょう》思想の下に『華厳経』の理念を据えて、密教的行法の理論づけをしている。

空海ははじめ四国の山中で修行をし、大自然の中で悟りを開いた。のちに朝廷に重用されるも、結局、山深い高野山《こうやさん》に金剛峯寺《こんごうぶじ》（和歌山県伊都《いと》郡高野町《こうやちょう》）を開いたように、都の窮屈な人間関係の中で暮らすのは、耐えられなかったのだろう。空海の心の中には、『華厳経』の織りなす蓮華蔵世界が、根づいていたに違いない。もちろんそれは、理屈ではなく、日本の大自然の中で育まれた悟りの境地として、である。

聖武天皇も、『華厳経』の思想に揺り動かされ、理想世界の構築を目指して東大寺建立を思い立ったに違いないのである。

ここで注目しておきたいのは、天平の世が天変地異と疫病の蔓延《まんえん》によって混乱していたということであり、さらに、天変地異と疫病は政局に影響を与え、権力者がコロコロと入れ替わっていた事実である。

流転《るてん》する世相の中で、いったいなぜ、聖武天皇は巨大プロジェクトを立ち上げたのだろう。それは本当に、高邁《こうまい》な理想を貫いた結果だったのだろうか。あるいは、度重《どじゅう》なる天変地異と政情不安を払拭《ふっしょく》しようと考えたからなのだろうか。あるいは、現世《げんぜ》利益《りやく》を考えた結果だったのだろうか。

そこでまず、天平時代の天変地異の歴史をふり返っておきたい。

天平時代の災異《さいい》の歴史

聖武天皇が即位したのは神亀《じんき》元年（七二四）のことだが、この帝は不運で、在世中度重なる災異に苦しめられた。即位直前から、天変地異の予兆が始まっている。

養老五年（七二一）二月十七日には、元正天皇の次のような詔がある。

世の諺《ことわざ》には、申年《さるどし》には災いが起きると言うが、まさに昨年、咎《とが》の徴《しるし》が現れ、干魃《かんばつ》や洪水が起き、稔《みの》りがなかった。国家騒然とし、民は苦労した。ついに、藤原不比等《ふじわらのふひと》も亡くなり、朕の胸は痛んだ。今また、昨年の災異の名残があり、風雲の気が、常とは異なる。朕は恐れ、昼も夜も休まらない。しかも旧典によれば、王の政令がそぐわない時に、天地が責め、咎の徴を示すという。何か、道にはずれた行いをして、災異が起きているのだろうか。

しかし、元正天皇の時代の災異は、序の口にすぎなかった。以下、聖武天皇即位後の『続日本紀』の記事から災異の記録を抜き取ってみよう。

天平二年（七三〇）六月二十七日、日照《ひで》りが続き、神祇官《じんぎかん》の庁舎に災いがあった（落雷）。二十九日には、雷が鳴り、雨が降り、神祇官の建物に火がついた。多くの人と家畜が、雷で死んだ。

同年九月、諸国に盗賊が多数発生した。天候不順が、人々の生活を圧迫しはじめたのだろう。安芸《あき》（現在の広島県西部）、周防《すおう》（現在の山口県東部）では、みだりに禍福《かふく》を説き、人々を集めて死人の霊魂をまじない祀《まつ》っていた。また、都の近くで群をなし妖言を吐いている人たち（先に触れた私度僧らの一団である）がいて、朝廷はこれを批難した。

天平四年（七三二）七月五日、聖武天皇は都周辺の諸国に雨乞《あまご》いをさせ、さらに、冤罪《えんざい》の有無を調べさせ、捨て置かれた骨や屍《しかばね》を土に埋めさせた。飲酒、殺生を禁じ、貧しい者に施しを与えた。また、同六日、飼育されていた猪を買い取り、山野に放した（放生《ほうじょう》）。

天平の地獄絵巻と蓮華蔵世界

天平五年（七三三）正月七日、雷が鳴り、風が吹いた。九日、熒惑《けいこく》（火星）が軒轅《けんえん》

（北斗七星《ほくとしちせい》の北側の部分）に入った。これは不吉な前兆と信じられていた。

一月二十七日、朝廷は瀬戸内海周辺の国々に、稲を無利息で貸し出すことにした。前年不作だったためだ。二月七日、紀伊国《きのくに》で干魃による被害が出たので、物を恵んだ（賑給《しんごう》）。三月には遠江《とおとうみ》と淡路《あわじ》で、飢餓を救うため、物を賜った。閏《うるう》三月には、紀伊《きい》・淡路・阿波《あわ》などで日照りがつづき、五穀が実らなかった。そこで倉を開き、国家の備蓄を切り崩した。

天平五年最後の記事に「是《こ》の年《とし》、左右京《さうのきやう》と諸国《くにぐに》と、飢《う》ゑ疫《えやみ》する者衆《ひとおほ》し」と特記するほど、災異におびえた一年となった。けれども、天平の大災害の歴史は、ここから先が本番だったのである。

天平六年（七三四）四月七日、大地震が起きた。家が潰れ圧死する者多く、山は崩れ、川はふさがった。地面が裂けた場所は数え切れなかった。二十一日、聖武天皇は、天変地異が相次ぐことを「異常な事態」と言い、それは、君主の民に対する政治が欠けていたからだと憂えた。そして使者を派遣し、民の苦しみを問わせたのである。

天平七年（七三五）になると、疫神《えきじん》が人々を苦しめるようになる。天然痘が大流行するのだ。

同年八月十二日、聖武天皇は、「このごろ、大宰府《だざいふ》では疫病で亡くなる人が多いと聞く。病を治療し、民の命を救いたい」と述べ、幣帛《へいはく》を大宰府管内（北部九州）の神祇に奉納し、民のために祈らせた。また、諸寺には、金剛般若経《こんごうはんにゃきょう》を読ませ、疫民に賑給《しんごう》し、湯薬《とうやく》を与えた。さらに、長門国《ながとのくに》（山口県西部）以東に疫病が広がるのを防ぐために、諸国の守《かみ》や介《すけ》（地方の長官たち）はみな斎戒《さいかい》し、道饗祭《みちあえのまつり》を祀った。

閏十一月十七日、「災変がしばしば現れ、疫病の流行が収まらないため、大赦《たいしゃ》をする」と詔があった。

そしてこの年の最後に、穀物は実らず、夏から冬に至るまで、天下で豌豆瘡《えんどうそう》（天然痘）が流行《はや》り、若い者も多く死んでしまったと嘆いている。

天平八年（七三六）は平穏な年となったが、これが、嵐の前の静けさだった。天平九年（七三七）には、天然痘の猛威が平城京を襲い、政府高官までも、次々と倒れていった。まさに地獄絵巻である。

そして問題は、天然痘は当時の権力者、藤原不比等の四人の子（武智麻呂《むちまろ》、房前《ふささき》、宇合《うまかい》、麻呂《まろ》）を呑み込んでしまったことだ。ここに権力の空白が生まれ、反藤原勢力が台頭し、政局を牛耳るようになったのである。

こののち数年を経て、聖武天皇は国分寺と東大寺の建立を発願していく。とすれば、このような天変地異と疫病、さらには、政局の流転が、何かしらの意味をもっていたのだろうか。世の中が地獄のようだから、蓮華蔵世界を産み出したいと願ったのだろうか。

なぜ不便な紫香楽《しがらき》に大仏を造ろうとしたのか

大仏建立は、純粋な信心によって発願されたのだろうか。

大仏建立を巡っては、いくつもの謎が隠されている。その第一は、最初、大仏を紫香楽宮に建てようとしたことである。

天平十二年（七四〇）九月三日、大宰府の藤原広嗣《ふじわらのひろつぐ》が反藤原派の玄昉《げんぼう》と吉備真備《きびのまきび》の排斥を訴え、謀反《むほん》を起こした。すると聖武天皇は、十月二十六日、「乱のさなかとはいえ、やむを得ぬ事情があって」と言い、関東行幸（関東は関ケ原から東）に出立《しゅったつ》してしまう。「将軍たちは驚かないでほしい」と告げるが、ここに、聖武天皇の謎の迷走が始まる。平城京を出たまま、恭仁京《くにきょう》、紫香楽宮、難波宮《なにわのみや》と、数年間各地を転々とした。そして天平十四年（七四二）に、紫香楽に離宮が造営され、翌年、件の大仏発願の詔が発せられたのだった。つまり、大仏は紫香楽で造営が始まったのである。

天平十六年（七四四）十一月十三日、近江甲賀寺《おうみこうがでら》にはじめて大仏の柱を建て、天皇自ら材木の縄を引いた。いよいよ、大仏造営が始まったのだ。天平十七年（七四五）

一月二十一日には、行基を大僧正に任じた。

ちなみに、聖武天皇が平城京に戻るのは、同年五月のことだった。しかもそれは、聖武天皇の本意ではなかった。しぶしぶ戻ってきたのだ。ただしここから、大仏造営は紫香楽から平城京に舞台が移り、今日につづく東大寺の建立事業ははじまったのである。

なぜ、聖武天皇は平城京を飛び出し、なかなか戻ってこなかったのだろう。そして、それよりも謎めくのは、なぜ紫香楽に大仏殿を建造しようと考えたのだろう。

インターネットで航空写真を見ると、紫香楽＝信楽《しがらき》が奇妙な場所に位置することがはっきりとする。周囲をドーナッツ状に森と山が囲み、深い緑の中に、スコップで掘ったような平地が、ぽつんと姿を見せている。

一言で言えば、不便な場所である。航空写真で見る限り、そうとしか思えない。

平城京から直線距離にして三十数キロだが、奈良から車で信楽に抜けるとなると、山深い県道を抜けねばならない。特に最短の京都府道・滋賀県道五号木津信楽線の道のりは険しい。

いったいなぜ、聖武天皇は、このような場所に、盧舎那仏を据えようと思ったのだろう。なぜ最初から、平城京に造ろうと思わなかったのだろう。

興味深いのは、紫香楽宮（甲賀寺）で大仏建立がはじまった直後から、紫香楽宮の

今は社が鎮座する紫香楽宮跡。

紫香楽宮（甲賀寺）の金堂の礎石群。

周辺の山が、頻繁に燃えていることなのだ。

天平十七年四月一日、紫香楽の市《いち》の西の山に火災が起きる。三日、甲賀寺の東の山に火の手が上がり、八日、伊賀国《いがのくに》の真木山《まきのやま》（三重県伊賀市の槇山《まきやま》）で数百町にわたる火事があって、三、四日間消えなかった。山背《やましろ》、伊賀、近江の国の人々に声を掛けて、消火させた。

十一日には宮城《きゅうじょう》の東の山に火災があり、連日消えることがなかった。都下の男女は、競って川に行き、ものを埋めた。

四月二十七日には地震があって、三日三晩、頻繁に地震がつづいた。このため、美《み》濃国衙《のこくが》で被害があった。平城京でもかなり揺れたようだ。五月一日、二日にも地震があり、二日には地震を防ぐため、平城京の諸寺で、読経を行った。

人々の間に動揺が広がったのだろうか。五月二日、太政官《だいじょうかん》、諸司《しょし》の官人《かんじん》を集めて、都をどこにするべきかを尋ねたところ、みな「平城京」と答えた。後日、南都四大寺（大安寺《だいあんじ》、薬師寺《やくしじ》、元興寺《がんごうじ》、興福寺）の僧侶たち、当時のインテリ層にも、遷都すべきかどうか、尋ねている。

五月五日にも地震が何度も起きた。六日から十日まで、地震が続いた。九日、近江《おうみの》国《くに》の民千人を徴発し、甲賀宮（紫香楽宮）周辺の山火事の鎮火《ちんか》にあたらせた。

十日、いよいよ、平城京への還都《かんと》がはじまる。恭仁京の人々は争って平城京に移った。五月十一日、人がいなくなった甲賀宮で盗賊が横行した。この月、日本各地で地震が起き、地は裂け、水が湧き出るところがあった。

そして、『東大寺要録《ようろく》』には、天平十九年（七四七）九月に、大仏造営事業は、平城京の東側の高台で、はじめられたとある。これが、現在の東大寺の創建である。

東大寺建立には政治的な目的があった？

甲賀寺（紫香楽宮）で大仏建立がはじまり、その直後から、周辺で山火事が続いたのは偶然なのだろうか。それとも、邪魔立てしようと企む人々が存在したのだろうか。

『新日本古典文学大系14　続日本紀　三』（岩波書店）の脚注では、「頻出する山火事は、放火で、人々の不満・反対が意思表示されたものと考えられている」とするが、この説明では、「大仏建立に対する民衆の不満」という印象を受ける。少なくとも、誰が不満を抱いていたのかについて、明言していない。しかし、連続する火災なのだから、組織的な動きと考えない限り、理解できない。聖武天皇には政敵が存在したのではなかったか。

関東行幸の直後、奇怪な事件が起きていた。天平十三年（七四一）閏三月十九日、難波宮（大阪市中央区）で「怪《もののけ》」を鎮《しず》めたとある。キツネの頭部が置かれていて、首から下はなかったからだという。ただ、毛や屎《くそ》は、頭のかたわらに置かれていたというのである。

何者かの嫌がらせであることは確かで、呪術と見なされたから、鎮めたのだろう。やはり、山火事も呪いも、一本の線でつながってくるのではないか。聖武天皇の遷都や大仏建立を妨害しようとする勢力が、嫌がらせをくり返していたのではあるまいか。

政敵の存在を認める説は存在する。たとえば火を放つよう指示したのは橘 諸兄《たちばなのもろえ》だが、これを逆に利用したのは藤原 仲麻呂《ふじわらのなかまろ》だとするのが、中川 収《なかがわおさむ》である（『奈良朝政争史』教育社歴史新書）。政局の渾沌《こんとん》が、大仏建立に、暗い影を投げかけていた、ということだろうか。

このあたりの事情は複雑で、前後の関係をはっきりさせないと、判断が付きかねるので、のちに再び吟味しなければならない。

ここで問題にしたいのは、大仏建立がはじまった直後、事業に反発する勢力が存在していた可能性が高いことだ。「紫香楽宮周辺を火の海にして聖武天皇を平城京に引き戻したい」と考えていた人々が存在し、実力行使していた疑いがある。

これは、重要な意味をもっている。「僻地《へきち》」と思われていた紫香楽宮が、何かしら大きな意味をもっていて、だからここに大仏を建立しようと聖武は考え、聖武の政敵は抵抗したのではないかと、思えてくるからである。

聖武天皇の政治的な判断が隠されていたからこそ、その目論見に反発する勢力が、暗躍したということになる。

そうなると、大仏建立の大事業は、信仰上の理由だけではなく、政治的な思惑がからんでいた可能性が出てくる。

いったい聖武天皇は何を目論んでいたのだろう。そして、大仏建立を妨害しようとした人々は誰だったのか、何が目的だったのか……。

いよいよ、東大寺の謎に迫ってみよう。

第二章　東大寺の謎

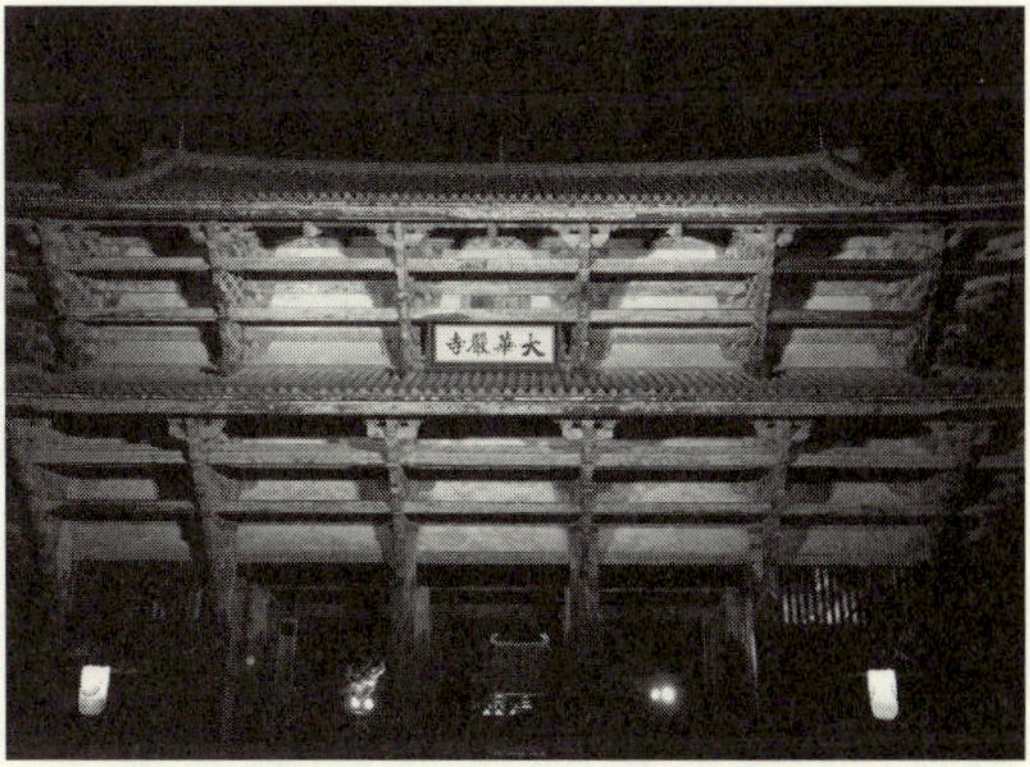

運慶・快慶の仁王像で有名な東大寺南大門。

聖武天皇は聖徳太子の生まれ変わり？

東大寺建立を発願した聖武天皇は、のちの世の人々から「聖徳太子の生まれ変わりだ」と信じられるようになる。

この話が広まるきっかけは、平安時代後期、寛弘《かんこう》四年（一〇〇七）四天王寺金堂六《してんのうじこんどうろく》重宝塔《じゅうほうとう》の中から寺僧《じそう》・慈蓮《じれん》が、『御手印縁起《ごしゅいんえんぎ》』を発見したことだ。そこには、「太子の御手印が押されていた」ために、聖徳太子の時代の四天王寺の資財目録と縁起であると考えられ、大いに喧伝《けんでん》された。

ただし、この時代の四天王寺は商売上手で、あの手この手を使って聖徳太子信仰を演出し、信者を獲得する作戦に出ていたから、この縁起は、九九・九九九九九九九九パーセント偽物であった（正確には一〇〇パーセント）。おそらく、慈蓮本人がしたためたものだろう。

問題はこの縁起の中で、「聖徳太子は生まれ変わって聖武天皇になる」と予言されていたことだ。

くどいようだが、この文書は聖徳太子の時代に記されたわけではない。書かれたすぐあとに「発見」したのだ。したがって、平安時代後期に、聖武天皇が聖徳太子の生まれ変わりではないかと考えられていたことがわかる。

もっとも聖武天皇が聖徳太子の生まれ変わりという話は、慈蓮のオリジナルではない。すでに奈良時代末期に編まれた仏教説話集『日本霊異記《にほんりょういき》』の中で唱えられていた。そこには、次のような話が載る。

敏達《びだつ》天皇の時代から推古朝《すいこちょう》まで活躍した、大部屋栖野古連公《おおとものやすのこのむらじのきみ》なる人物の話だ。

大部屋栖野古は紀伊国名草郡《なくさのこおり》宇治《うじ》（和歌山市紀三井寺《きみいでら》宇治）の大伴連《おおとものむらじ》らの祖で、仏教興隆を支えたという（『日本書紀』には登場しない）。敏達天皇の時代には、物《ものの》部守屋《べのもりや》が破壊しようとした仏像を隠し、守り、推古朝では聖徳太子の従者《じゅうしゃ》となった。推古三十三年に卒したが、三日後に息を吹き返し、妻子に次のように語った。

「五色の雲がたなびき、虹のように北に向かって渡っていた。その道を歩いて行くと、黄金の山があり、聖徳太子が待っておられた。ともに山に登ると、ひとりの僧がいて、聖徳太子は、大部屋栖野古が八日後に剣の難にあうので、仙薬《せんやく》を飲ませてほしいと頼まれた。すると僧は玉《たま》を私に飲ませた。聖徳太子は、私に、すぐに帰宅するよう促し、仏を造る場所をきれいにしておくように命じられた。聖徳太子は、仏前で懺《さん》悔《げ》の法要《ほうよう》をされ、そののち宮に戻って仏像を造るとおっしゃった」

人々は大部屋栖野古を「還《かえ》り活《い》きたる連《むらじ》の公《きみ》」と名付けた。そして孝徳《こうとく》天皇の時代、九十余歳の長寿を全《まっと》うし、大部屋栖野古は亡くなった。

大部屋栖野古が言った「剣の難」とは、蘇我入鹿《そがのいるか》の乱（山背大兄王《やましろのおおえのみこ》襲撃から乙巳《いっし》の変《へん》）で、聖徳太子が宮に戻って仏を造るという話は、聖武天皇が寺院と仏像を造られることを意味していたと、『日本霊異記』は結ぶのである。

聖武天皇が辿ったのは天武天皇の足跡

なぜ聖徳太子と聖武天皇が重なっていったのだろう。

聖武天皇は深く仏教に帰依《きえ》した。「三宝《さんぼう》の奴《やっこ》（仏教のしもべ）」と自称し、盧舎那仏《るしゃなぶつ》（大仏）の前に頭を垂れ、跪《ひざまず》いている。日本で最初に正式に受戒した天皇でもある。

聖武天皇は仏教を中心とする国家運営を目指したのであり、聖徳太子が目指した理想世界をこの世に実現しようと考え、そのため、聖徳太子の生まれ変わりという伝説が生まれたのだろう。

天平勝宝《しょうほう》元年（七四九）四月一日、聖武天皇は東大寺に行幸《ぎょうこう》し、南面する大仏の前にひれ伏し、自らを「三宝の奴」と称した。江戸時代の国学者・本居宣長《もとおりのりなが》は『歴朝詔詞解《れきちょうしょうしかい》』の中で、天皇が北面して大仏に頭を垂れてしまったことを、嘆き悲しんでいる。あまりにもあさましいことだから、この行動を無視しろ、とまで言い放っている。

国学を学ぶものにとって、神道の中心に立つ天皇が仏教に帰依し、あろうことか北面してしまったことは、嘆かわしいものと映ったのであろう。それほど、聖武天皇の仏教に対する思い入れは強かった。聖武天皇が聖徳太子の生まれ変わりと信じられたのも、当然のことであった。

ただし、聖徳太子の生まれ変わりではないかと考えられたのは、聖武天皇だけではなかったし、聖武天皇の行動を探っていくと、むしろ「天武天皇の足跡を追ったのではないか」と思えてくる。

聖武天皇の治世を褒め称えるための雑歌《ぞうか》をあつめたとされる『万葉集』巻六には、吉野《よしの》（奈良県吉野郡）にまつわる歌が多く出現し、吉野を礼讃し、天皇と神、天皇と神代《かみよ》を結びつける歌が散見できる。

なぜ「吉野」や「神」が歌われているかというと、神野志隆光《こうのしたかみつ》は、聖武天皇が天武王朝を意識していたからだ、と指摘する（『柿本人麻呂研究』《かきのもとのひとまろ》塙《はなわ》書房）。

壬申《じんしん》の乱（六七二）の直前、近江朝に追われる大海人皇子《おおあまのみこ》（のちの天武天皇）を救ったのは、吉野の民であった。吉野の民と強く結ばれた天武天皇は、吉野に行幸し、「神」と称えられ、聖武天皇も、吉野を重視し、行幸を重ねた。これは、聖武天皇が天武天皇を意識していたからだろう。

その天武天皇は、天武十四年（六八五）三月二十七日の詔で、次のように述べ、仏教の興隆を推し進めている。

「諸国の家ごとに、仏舎《てら》を造り、仏像と経を備え、礼拝供養《くよう》せよ」

ここにある「家」にはいくつもの解釈があるが、一般家庭ではなく、「地域の有力者」を指していると考えられている。天武天皇は中央だけではなく、地方でも朝廷の主導によって、仏教を広めようとしていたことがわかる。

ただし、どこまで趣旨が徹底されたのか、その後の経過ははっきりとわからない。持統八年（六九四）五月十一日には、『金光明経《こんこうみょうきょう》』（『金光明経』を新訳して日本にもたらされたのが『金光明最勝王経《こんこうみょうさいしょうおうきょう》』）百部を、諸国に送り置くようにと命じられている。

『金光明経』とは、密教色の強い大乗仏教経典で、懺悔による滅罪《めつざい》を説き、また四天王や地神による国家護持を謳《うた》っており、『仁王般若経《にんのうはんにゃきょう》』（『仁王般若波羅蜜経《にんのうはんにゃはらみつきょう》』『仁王《にんのう》経《ぎょう》』）、『法華経《ほけきょう》』と並び、護国三部経《ごこくさんぶきょう》として尊重された。国分寺《こくぶんじ》造営の発想の元になった経典である。

天武五年（六七六）十一月に、諸国で『金光明経』を説いた法会が行われ、天武九年（六八〇）五月には、『金光明経』を宮中と諸寺で講じさせている。また、天武朝で十五年間に十九回、持統朝では十一年間に十六回の法会が行われている。斉明《さいめい》・天智朝では、十七年間に四回だから、頻度の高さは際立っている。天武朝が、仏教を重視していたことがわかる。国家護持の仏教を、天武天皇は奨励していたのである。

天武が手がけた国家護持の仏教を継承した聖武

このあと聖武天皇が即位するまでの間、『金光明経』が利用されるのは、文武《もんむ》天皇の慶雲《けいうん》二年（七〇五）四月、飢饉《ききん》が起きたときの一回だけだ。その後忘れられたが、神亀《じんき》二年（七二五）七月、聖武天皇は国家平安を願い、『金光明経』または『最勝王経』を転じさせた。この先、聖武天皇はしきりに国家護持の経典を活用していくのである。

じつは、仏教による国家護持という天武天皇の願いは、聖武天皇によって叶えられたようなのだ。それが、国分寺の造営である。

国分寺造営のきっかけは、『続日本紀』天平九年（七三七）三月三日の聖武天皇の詔とされている。すなわち「国ごとに釈迦仏《しゃかぶつ》の像一体、両脇の菩薩二体を造り、『大般若経《だいはんにゃきょう》』一部を写させるように」とある。

さらに、『続日本紀』天平十二年（七四〇）六月十九日条には、天下の諸国に国ごとに『法華経』を十部写し、七重塔を建てさせた、とあり、天平十三年（七四一）三月二十四日条には、次のようにある。少し長いが、時代背景を知っていただくにも大切な場面なので、すべて訳す。

朕《われ》は、薄徳《はくとく》の身でありながらかたじけなくも、重い任を受けついだ。よい政治を広めることもできず、寝ても覚めても恥じてばかりいる。古《いにしえ》の名君は、みな先祖の仕事を引き継ぎ、国は安らかで人は楽しみ、災いを除き福を招いた。いかなる政策を採れば、そのような統治が可能になるのだろうか。この頃、凶作で、作物が取れない。疫病も蔓延している。自ら恥じる心と恐れる心が入り交じって、自責の念にかられる。だから広く蒼生《そうせい》（多くの民）のために、あまねく景福（大きな福）を求めたい。それゆえ、先年、使いを遣わし、各地の神宮を修造し、去る年（天平九年三月三日）には、各地に釈迦仏像を造らせ、『大般若経』を写させた。この春から秋にかけて、風雨は順調で、五穀は豊かに実った。これすなわち、真摯《しんし》な願いが通じ、神霊が賜ったものだろう。すなわち、恐れ、怖じ、気持ちが定まらない。『金光明最勝王経』には、「もし国内に、この経を講義して聞かせ、読誦《どくじゅ》し（読んで覚える）、恭敬《きょうけい》（つつしんで）供養し、流布すれば、われら四王（四天王。仏教の守護神）は、常にやってきて守ってあげよう。一切の災いも障害もみな消し、憂愁や疾疫もまた除こう。願い事も思いのままで、つねに歓喜が生じるだろう」とある。天下の諸国に七重塔を造らしめ、合わせて『金光明最勝王経』と『妙法蓮華経《みょうほうれんげきょう》』を写させよう。朕はまた別に、金字《こんじ》で『金光明最勝王経』を写し、塔ごとに一部を置かせよう。仏法が盛んになって、天地と共に長く伝わり、擁護《おうご》の恵みを来世と現世に行き届かせて、常に満ち足りてほしい。その塔を造る寺は、国（諸国）の華（中心）となる。だから、必ず良い場所を選んで、永久に栄えるようにしてほしい。民家に近すぎ、悪臭が漂ってくるところは避けたい。人家から遠くて、人々がやってくるのに疲れてしまうのは本意ではない。国司らは努めて寺を厳かに飾り、清潔を保つように。近くに諸天《しょてん》（四天王）を感歎させ、諸天がその地に留まり守ってくれることを願うものである。各地に布告し、朕の思いを伝えさせよ。

この詔によって、国家の力で、国を守り鎮めるための国分寺と国分尼寺《こくぶんにじ》の造営がはじめられたのである。

さらに、この詔の最後に、寺の名は「金光明四天王護国之寺《こんこうみょうしてんのうごこくのてら》」とし、尼寺は「法華滅罪之寺《ほっけめつざいのてら》」にせよ、とある。

各地の国府の近くに造られた国分寺

国分寺は、諸々の国の中心・国府の近くに造られた。

創建当時の国分寺の原形を留めている場所は、どこにもない。礎石が残っていればよい方だ。ただ、建物の一部が再建された例はわずかにある。たとえば、備中《びっちゅう》国分寺の五重塔がもっとも有名で、江戸時代後期（十九世紀前半）に建立されている。ただし、元の場所とは、少し離れている。

今日、備中国分寺周辺は吉備路風土記《きびじふどき》の丘《おか》県立自然公園となって保存され、のどかな景観が守られている。国分寺周辺の土地は県が買い取り、保存地域に指定している。近くには吉備津《きびつ》神社、吉備津彦《きびつひこ》神社が鎮座し、観光地としてじつに恵まれている。

もうひとつ、名の知れた「国分寺」がある。

東京にお住まいの方なら、よくご存じだろう。東京都下を西に向かって走る京王線の府中駅とJR中央線の国分寺駅は、ほぼ南北に並ぶ。二つの駅を結ぶように、古代の官道が走っていた。

府中駅の近く、大国魂《おおくにたま》神社の鳥居から真北に向かって、国分寺街道が貫いている。かつての国府から真北に向けて、官道が整備されていたのだ。

府中市内を走る国分寺街道は「馬場大門《ばばだいもん》のケヤキ並木」として知られ、国の天然記念物に指定されている。伝承によれば、ケヤキは源　頼義《みなもとのよりよし》・義家《よしいえ》（八幡太郎《はちまんたろう》）親子とかかわりがあるという。前九年《ぜんくねん》の役《えき》（一〇五六〜一〇六二）の戦勝祈願に六所宮《ろくしょぐう》（府中市の大国魂神社）に参拝し、凱旋《がいせん》時のお礼参りに、ケヤキを寄進したという。

東京都府中市は、旧武蔵国《むさしのくに》の国府が置かれた場所で、武蔵国の中心に、官寺・国分寺と国分尼寺が建てられたわけである。

国分寺・国分尼寺建立の目的は、護国経典《ごこくきょうてん》の読誦によって、国家の安寧をはかることで、疫病や飢餓という苦難を民から除くことを目論んだ。人々に災難を振りまく悪神を鎮める役目を担ったのである。

つまり、国家が率先して各地に官寺を建て、地方支配の拠り所としたわけである。

国分寺の名称は天平十三年（七四一）にはじめて文書に登場するが、西暦七六〇年代半ばには、各地の国分寺は、ほぼ整備されていく。ただし国

備中国分寺の五重塔（岡山県総社市）。

武蔵国国分寺の本堂。

武蔵国国分寺の七重塔跡。

分寺は、十世紀以後次第に衰微していく。

ところで東大寺は、焼失するたびに再建され、今日まで生き延びたが、全国の国分寺の中心に位置する。これは、蓮華蔵世界の構図そのものだ。東大寺におわしますのは盧舎那仏で、各地の国分寺は、台座の蓮弁のようなものだ。東大寺と国分寺が造営されることによって、日本列島全体で『華厳経』の世界観を具現化することになったわけである。

なぜ聖武天皇は仏教を重視したのか

国分寺造営は、宝亀《ほうき》年間（七七〇～七八一）にほぼ終えていたと考えられている。ただ、天平十九年（七四七）十一月七日には、次のような詔が発せられていたから、造営は簡単ではなかったことがわかる。

朕は去る天平十三年二月十四日（先述した三月二十四日の詔。実際には、こちらの日付が正しいとされている）に発願し、国家を永《なが》く固め、聖法《しょうほう》（仏教）によって常に修めさせようと、あまねく天下の諸国に詔して、国ごとに金光明寺《こんこうみょうじ》と法華寺《ほっけじ》を造らせた。その金光明寺には七重塔と金字『金光明経』一部を写して塔の裏《うら》に安置するよう伝えた。ところが諸国の国司らは怠けて命令通りにしていない。あるいは、寺を置くのにふさわしくない土地だったり、まだ基礎を築いていないところもある。思うに、天地の災異が、現れはじめているのは、このためではあるまいか。朕が頼る臣《おみ》たちが、このようなことでよいのだろうか。

というのである。そして、使者を各地に遣わし、状況を調べさせたという。

国分寺を各地に展開するのは、巨大プロジェクトであり、目の届かない場所では、サボタージュもあっただろう。また、聖武天皇の意志は正確に伝わらなかったかもしれない。ではなぜ、聖武天皇は躍起になってプロジェクトを推し進めようとしたのだろう。

聖武天皇が国分寺と東大寺の建立に邁進していくのは、中国・唐《とう》の則天武后《そくてんぶこう》（在位六九〇〜七〇五）の「仏教治国策」の強い影響を受けたからという指摘がある。天皇号や「天平宝字《ほうじ》」「天平勝宝」などの四字年号、大仏建立と国ごとに寺を建てるという策は、ことごとく則天武后の採った政策を彷彿《ほうふつ》とさせている。また中国の大《だい》雲寺《うんじ》（龍興寺《りゅうこうじ》）が、国分寺のお手本となっている。聖武天皇は、これらの事業を展開することによって、国土全体を「仏土《ぶつど》（仏が教化をほどこす理想の現実世界）」に仕立て上げ、一方で唐に対し、独立性を主張したというのだ。

ただ、中国に追いつき追い越せという図式だけで、聖武天皇の施策を理解することはできない。すでに触れたように、聖武天皇は天武天皇を強く意識していたのであり、ここに大きな問題が隠されていたように思えてならないのである。

天武十四年、天武天皇は仏教を推奨し、各地に広めることを模索していた。また、天武十二年（六八三）三月、この時『日本書紀』に「律師《りつし》」なる僧官が新設されていて、天武天皇が律令的な僧官組織を整えたことがわかっている。

しかし、他の拙著の中で述べてきたように、天武天皇亡きあと、皇后の鸕野讃良皇女《うののさらのひめみこ》（持統天皇）が即位し藤原氏が台頭すると、天武天皇の施策は否定されていく。一見して、持統天皇は夫の遺志を継承しているかのように見えるが、それはうわべだけのことだった。その理由は簡単なことで、持統天皇と藤原不比等は天武天皇の宿敵である天智《てんじ》天皇と中臣鎌足《なかとみのかまたり》のそれぞれの子で、持統天皇の登場は、静かなクーデター、政権交替だったのである。

したがって、持統・藤原不比等体制下の聖武天皇が、天武天皇の仏教政策を継承したことは、大きな謎なのである。

なぜ六世紀の朝廷は排仏派を攻撃したのか

今でこそ日本全国にあまたの仏寺《ぶつじ》が存在するから、無意識のうちに、「日本列島には仏寺は古くから存在していた」と考えられがちである。

しかし仏教は、六世紀後半から七世紀前半の蘇我氏全盛期に、ようやく市民権を得た信仰である。神道に固執する勢力の激しい抵抗にあって、ようやく勝ち取った座であった。飛鳥《あすか》周辺に一気に仏教寺院が建立されたとしても、地方にこの流れがすぐに伝わったかというと、じつに心許《こころもと》ない。逆に言えば、だからこそ天武天皇は、仏教の普及に努めたということになる。

事実、考古資料から見た天智天皇までの時代の全国の寺院の数は、九十余寺だったが、その後一気に増加し、白鳳《はくほう》期に至ると、四九六に上り、『扶桑略記《ふそうりゃっき》』は、五四五という数字を挙げる。未発見の寺院を足せば、『扶桑略記』の記事に近い数の寺が存在していた可能性がある。天武天皇の治政下、急激に仏寺が造立されていたことがわかる。

ではなぜ、天武天皇は仏教に肩入れしたのだろう。

天皇家の正統性は、八世紀に編纂される『日本書紀』や『古事記《こじき》』の神話によって証明されていく。

神道は神話と大いにかかわる。ようするに、人々の間で語り継がれたであろうヤマトの王家の成り立ちが伝説となり、「神のように崇《あが》められ、尊ばれた王家」という幻想が生まれ、さらには、日本的な土着の信仰に則《のっと》った、「神を祭る神聖な王」が誕生したのだろう。すると、天皇家にとって仏教の興隆は、手放しでは喜べないはずだった。

それだけではない。時代を遡《さかのぼ》り、六世紀来の天皇家の姿勢をふり返ると、不可解なものに見えてくる。物部氏や中臣氏らが神道を守ろうと排仏に走り、王家が崇仏派の蘇我氏に加勢したのはなぜなのだろう。物部守屋滅亡事件には、聖徳太子を筆頭に、多くの皇族が参戦している。

もちろん、王家自身が蘇我系であったことも、大きな意味をもっていたかもしれないし、蘇我氏が実権を握っていたから、王家は従わざるを得なかったということかもしれない。だがそうなると、なぜ天武天皇は蘇我本宗家《ほんそうけ》が滅亡してからのち、壬申の乱を制し、巨大な富と権力を掌握した時点で、「各地に仏寺を」と言いはじめたのだろう。そしてなぜ、天武天皇の曾孫である聖武天皇まで、天武天皇の遺志を継承するかのように、国分寺建立に全精力を傾けたのだろう。

筆者には、ひとつの仮説がある。蘇我氏が仏教を選んだひとつの理由は、律令導入のための手段、方便だったのではないか、という考えだ。そして、「仏教を採るか、神道を採るか」の選択肢は、六世紀から八世紀にかけて、朝廷を二分する勢力を生み出し、対立の構図が続くことになったのではないかと疑っている。

物部氏の衰弱と同時だった前方後円墳体制の終焉

そこでひとつ確認しておきたいのは、「そもそも神道とは何か」ということである。神道の本質を知る上で興味深い事実がある。六世紀末の物部守屋の滅亡と前方後円墳が造営されなくなった時期が、ほぼ重なっていることだ。

神道といえば天皇家の宗教という常識が、どこかにある。しかし、ヤマト建国の歴史をふり返れば、実際には物部氏の信仰であった可能性が高い。それを明らかにしているのが、前方後円墳である。

三世紀から四世紀にかけて、奈良盆地の東南部の三輪山麓《みわさんろく》に、政治と宗教に特化された巨大な都市が出現していた。これが纏向遺跡《まきむくいせき》で、ここではじめて、前方後円墳が生み出された。

前方後円墳は東北地方南部に至る各地に伝播《でんぱ》し、信仰形態を共有するゆるやかなつながりが生まれた。これが、ヤマト建国である。

興味深いのは、天皇家の祖や強大な権力者が前方後円墳という埋葬形態を創作したのではない、ということだ。纒向遺跡には、各地から様々な土器が集まり、人々の交流が盛んだったことがわかっているが、前方後円墳も、いくつかの地域の埋葬文化を寄せ集めて完成していた。

ただし、核となる部分は吉備（現在の岡山県と広島県東部）で生まれていた。吉備では首長が亡くなると、墳丘上に特殊器台形土器《とくしゅきだいがたどき》を用いて祀《まつ》り、御霊《みたま》を新首長が継承するという祭祀《さいし》を執り行っていた。この方式が、ヤマトに持ち込まれたのだった。

つまり、前方後円墳の原形は、まず吉備で生まれ（楯築弥生墳丘墓《たてつきやよいふんきゅうぼ》）、さらに出雲《いずも》や九州といった他地域の様式が加わって、ヤマトの前方後円墳になったと考えられている。そして吉備は、瀬戸内海の流通を支配することによって富み栄え、五世紀半ばまで、ヤマトの王家をしのぐほどの力を見せつけたのだった。

すなわち、考古学が進展するにつれ、ヤマト建国の中心に吉備が立っていたことがはっきりとしてきたのである。

すると、どうにもよくわからないことが浮上してくる。『日本書紀』の描くヤマト建国（神武東征説話《じんむとうせいせつわ》）の中に、「吉備」の姿がまったく現れないことだ。ヤマトには最初出雲から大物主神《おおものぬしのかみ》がやってきて、次に物部氏の祖・饒速日命《にぎはやひのみこと》が土着の長髄彦《ながすねひこ》の妹を娶《めと》り、君臨したとある。そして最後の最後に、九州の日向《ひむか》から神武天皇がやってきて、饒速日命は王位を神武に禅譲《ぜんじょう》した。その饒速日命は、どこから来たのかというと、高天原《たかまのはら》から舞い降り、長髄彦は「すでにヤマトにいた」というのだから、肝腎の「吉備」が描かれていない。また、古代最大の豪族・物部氏が何者なのか、まったく説明がなされていない。

どうやら、饒速日命は吉備からやってきたようだ。この事実を、『日本書紀』が隠《いん》蔽《ぺい》したと考えられる。その証拠は、大阪に眠っている。

物部守屋が滅ぼされた大阪府八尾《やお》市付近からは、三世紀の吉備系の土器が大量に出土している。この一帯は、物部氏の畿内《きない》における拠点であった。物部氏の祖・饒速日命は吉備の土器と吉備の埋葬文化を携え、ヤマトに乗り込んだのだろう。物部氏は吉備からやってきたから、瀬戸内海を支配するのにちょうどよい大阪を手放さなかったにちがいない。

また、物部氏が吉備出身だったから、ヤマトの信仰の中心に立っていたと思われる。

物部系の文書『先代旧事本紀《せんだいくじほんぎ》』によれば、ヤマト建国ののち、饒速日命の子の宇摩《うま》志麻治命《しまじのみこと》(可美真手命《うましまでのみこと》)が、朝廷の儀礼などを整えたといい、吉野裕子《よしのひろこ》は天皇家の祭祀形態は、物部氏のものを継承している、と指摘する。事実、大嘗祭《だいじょうさい》など天皇家の祭祀に、物部氏は他の豪族には見られない形で参加している。

なぜ天皇家の神道祭祀に物部氏の強い影響が見られるのかといえば、物部氏の祖が吉備からやってきて、ヤマトの基礎を築き、王位を天皇家に譲ったからだろう。ここで吉備は、名を捨て実をとったということになる。そして、吉備の埋葬文化を土台にヤマトの祭祀形態が固められたと考古学者は指摘する。ヤマトの王家は吉備（物部氏）の祭祀形態をそのまま継承したのだろう。

すなわち、ヤマト建国時の「神道祭祀」とは、「天皇家のオリジナル」ではなく、「吉備（物部）から譲り受けた信仰」だったのである。

仏教は中央集権国家を造るための方便？

ヤマトの前方後円墳体制は、物部氏の祖が準備したものであって、六世紀の物部氏の衰弱と共に、前方後円墳が消えてなくなったのは、前方後円墳体制が「物部体制」そのものを意味していたからと、合点《がてん》がいく。そして、蘇我氏が台頭したとき、なぜ物部氏が仏教導入に猛烈に反発したのか、天皇家が神道に固執せず蘇我氏のいいなりになったのか、その意味をも明確にする。

ちなみに、前方後円墳に葬られた最後の天皇は第三十代敏達《びだつ》天皇で、第三十一代用《よう》明《めい》天皇から蘇我系の天皇になるのだが、もちろん、前方後円墳に葬られていない。敏達天皇の皇后でのちに即位する蘇我系の推古天皇も、前方後円墳には納まっていない。

ではなぜ、六世紀から七世紀にかけて、前方後円墳体制は衰弱したのだろう。そして仏教が興隆し、排仏派の物部守屋が敗れたのはなぜだろう。

ここに、蘇我氏と改革事業を巡る問題が隠されている。

『日本書紀』に従えば、蘇我氏は既得権益を守ろうとして、専横《せんおう》をくり広げたことになる。改革事業の邪魔になり、挙げ句の果てに、改革派の中大兄皇子《なかのおおえのみこ》（のちの天智天皇）や中臣鎌足の手で、滅亡に追い込まれたのだという。

しかし、他の拙著の中で述べてきたように、実際には蘇我氏こそ改革派で、中大兄皇子や中臣鎌足は、むしろ反動勢力であった。

たとえば六世紀来、蘇我氏は屯倉《みやけ》制の整備に積極的に参加していた。屯倉とは天皇家の直轄領のことで、領土を増やすことによって、相対的に王家の力を増そうという目論見であった。つまり屯倉制の充実こそ、中央集権国家建設の基礎固めで、これに蘇我氏が参画していたのである。

律令制導入を決定づけたのは大化改新《たいかのかいしん》（六四五）とされるが、改新政府を牽引した孝徳天皇は親蘇我派の天皇だった可能性が高く、また、門脇禎二《かどわきていじ》が指摘したように、改革事業は、すでに蘇我氏全盛期にはじまっていたと考えた方が自然だ。つまり、孝徳天皇は蘇我氏の事業を継承したにすぎないのである。

『日本書紀』編纂時の権力者は中臣鎌足の子の藤原不比等で、父の業績を美化するために、蘇我氏の手柄を横取りし、蘇我氏を大悪人に仕立て上げたのだ。すなわち、『日本書紀』は歴史の真実をねじ曲げてしまったのである（拙著『「天皇家」誕生の謎』講談社＋α文庫）。

そして、改革派の蘇我氏が、なぜ仏教に固執したのかというと、中央集権国家を構築する上で、仏教はうってつけの新しい信仰形態と思ったからだろう。日本に流れ込んできた仏教は、強大な権力を有した中国の南北朝のフィルターを通されている。すなわち、絶対君主制度を維持するための信仰に変質していたのである。

また、改革事業を展開する上で、神道は邪魔になったのではないかと思えてくる。

神を利用した原始の徴税システム

神道といえば、すぐに天皇家を中心とする整然とした体系を思い浮かべる。しかし、元々地方ごと、集落ごとにばらばらな土着の信仰があって、土地の有力者が祭祀を司《つかさど》っていた。その有力者はやがて「氏上《うじのかみ》」となり、集落の血縁関係にある者ない者をひっくるめ「氏子《うじこ》」として束ね、「氏神《うじがみ》」を祀ることで、共同体を維持していたのである。

集落の氏子が作った穀物の中から一定の量を「氏神」に貢納《こうのう》（幣帛《へいはく》）させた。そして「氏上」は「氏神」を祀りあげ、その霊力を貢納された稲に吹き込み、その稲の一部を、翌年の種として、「氏子」に配った。これが、「税」の原始の姿であった。

そしてこのシステムが、氏上（首長）の祖神《そしん》、地域の神を祀ることによって、成り立っていたことが大きな意味をもっている。古代の政治を「マツリゴト」というように、統治と信仰は、深く結びついていたのである。

ちなみに、「神」を利用して金を集める方法は、海賊や山賊が使っている。

瀬戸内海の海賊（よく言えば水軍）たちは、通行する船が航海の無事を祈り海の神＝大山祇神《おおやまつみのかみ》にお供えをするとき、仲介役となって便宜を図った。ただし、もし船が礼を失し、お供えをせず、海賊を無視して通過しようものなら、海賊は「神の祟《たた》り」を思い知らせてやった。襲撃して身ぐるみ剝《は》いでしまうわけだ。

これが、通行料の元祖で、山賊も街道に「関」を造り、お賽銭《さいせん》を要求したのである。

ちなみに、「関」の姓をもつ者の御先祖様は、山賊であった可能性があるという。

それはともかく、市が神社の境内で開かれたのも、金のやりとりは神を仲介にするという慣習があったからだ。律令制度が整ったあとも、当然残っていく民俗である。

つまり、これらの慣習と信仰は、「氏神」を祀る土着の長者《ちょうじゃ》「氏上」とその配下の「氏子」の強いつながりを形作っていたのである。

その一方で、律令制度を導入するには、私地私民を禁止し、豪族（氏上）から土地と民を奪い取らねばならなかったから、古い秩序を破壊しなければ、律令制度は成立しなかったのだ。だからこそ、蘇我氏は古い信仰形態とは別に、仏教が必要だと考えたのではなかろうか。

つまり、物部守屋と蘇我馬子《そがのうまこ》の仏教導入を巡る対立と主導権争いの本質は、古い統治システムを守り抜くのか、あるいは改革事業を推し進めるのかの軋轢《あつれき》だったのではないかと思いいたるのである。

中臣（藤原）氏が蘇我氏と戦う本当の理由

ここに、興味深い事実がある。中臣（藤原）氏のことだ。

物部氏の配下で排仏派として蘇我氏と戦いつづけてきたのが、中臣氏であった。物部系の『先代旧事本紀』によれば、中臣氏の祖神は饒速日命がヤマトに舞い下りたとき、従者として同行してきたという。現実に、中臣氏が物部氏とともに、ヤマト建国

仁徳天皇が築いたと『日本書紀』が伝える難波の堀江。

時からかかわりをもっていたかどうか、証明する手立てはない。『先代旧事本紀』を信じるほかはないのだが、両者を結びつける傍証は、いくつもある。

中臣氏の拠点は物部氏の地盤に接している。生駒山《いこまやま》（大阪府と奈良県の境）の西麓で手をつなぐような場所に寄り添っている。これは無視できない。

物部氏と中臣氏が運命共同体であったことは、間違いない。敏達天皇の時代、物部守屋は中臣勝海《なかとみのかつみ》と共に仏寺を破壊し、仏像を難波《なにわ》の堀江《ほりえ》に流し、蘇我馬子と対立した。それよりも古く、欽明《きんめい》天皇の時代も、そっくりな図式だった。物《ものの》部尾輿《べのおこし》が中臣鎌子《なかとみのかまこ》と共に、蘇我稲目《そがのいなめ》と対立していたのである。

中臣氏が「神道にかかわり深い氏族」

だったのは、神道の基礎を築いた物部氏とともに活躍してきたからであろう。

そうなると、乙巳の変（六四五）の蘇我入鹿暗殺を主導していたのが、中臣（藤原）鎌足だったのは、崇仏派の蘇我氏を潰したかったということになりそうだが、問題はもっと複雑だ。

『日本書紀』は中臣鎌足の行動を「改革事業のためのクーデター」と絶賛するが、本当だろうか。すでに述べてきたように、蘇我氏こそ改革派だとする考えからすれば、中臣鎌足は改革潰しに走っていたと考えざるを得ない。

ならばなぜ中臣鎌足が英雄視されているのかといえば、中臣鎌足の子の藤原不比等が朝堂のトップに立ったときに編纂されたのが『日本書紀』で、この文書は中臣鎌足を礼賛し、蘇我氏を悪者に仕立て上げたからだろう。

中臣鎌足は百済《くだら》の王子・豊璋《ほうしょう》ではないかと、筆者は疑ってきた。当時、百済は衰弱いちじるしく、ヤマト朝廷の力を借りたかった。しかし、蘇我氏は旧来の百済一極外交を是正する政策をとっていたから、豊璋は蘇我氏排除に乗り出したのだろう。おそらく豊璋は、蘇我氏に恨みを抱きつづける中臣氏に取り入り、婿入りするか、系譜に紛れ込んだのだろう。そして、蘇我氏の改革事業に反発する豪族たちをそそのかし、蘇我氏打倒に猪突《ちょとつ》していったに違いないのである。

物部氏と中臣氏と蘇我氏の真の関係

ここで一言付け足しておかなければならないのは、物部氏と中臣氏のその後のことだ。

六世紀の物部氏と蘇我氏は犬猿の仲で、物部守屋は蘇我馬子に滅ぼされた。ところが、なぜか物部系の文書『先代旧事本紀』の中で、物部守屋滅亡事件は無視されている。それどころか、物部守屋は物部の傍流だったといい、さらに、蘇我入鹿の母が物部系だったことを、誇らしげに記録している。

拙著『「女性天皇」誕生の謎』(講談社＋α文庫)の中で述べたように、推古天皇の時代、物部氏は蘇我氏との関係を修復したからこそ、姻戚《いんせき》関係を結んだのだろう。蘇我入鹿が物部腹《もののべばら》で、『先代旧事本紀』がそれを特記したのは、そのためだ。つまり物部氏は、物部守屋滅亡後、考えを改め、改革事業に協力するようになったと考えられる。

中央集権国家造りに邁進《まいしん》するにあたり、最大の障壁だったのは、広大な領土を私有し、既得権益にかじりついていた豪族であった。代表的存在が、最大最強の豪族・物部氏であった。ところが、物部氏が率先して身を削る覚悟をもったことによって、改革事業は一気に進展したのである。

一方、中臣氏はかたくなだった。「神道」や「旧体制」「既得権益」にこだわり、だからこそ、「ともに蘇我氏を打ち倒しましょう」と誘ってきた豊璋と手を組み、さらに中大兄皇子を仲間に引き入れたのだろう。

中大兄皇子と中臣鎌足の仕掛けた「改革潰し」は、蘇我入鹿暗殺で完遂したわけではなかった。孝徳天皇が即位し、蘇我入鹿の事業を継承していたからだ。孝徳天皇は難波遷都に固執し、難波には、律令制度の基礎である都城《とじょう》が造営された。そこで中大兄皇子と中臣鎌足は、孝徳天皇の最晩年、飛鳥遷都を進言し、受け入れられないと見るや、孝徳天皇ひとりを難波宮に残し、勝手に役人を率い、飛鳥に遷都してしまったのである。

こののち、中大兄皇子と中臣鎌足は、ようやく実権を握り、百済救援のために遠征軍を組織し、「負けるのがわかっている」と非難されていたにもかかわらず、遠征軍を派遣した。もちろん、大敗北を喫し、日本は滅亡の危機に瀕した。

ふたつの勢力の激突が歴史を動かした

律令制度における仏教の役割を考えているうちに、迷路に迷い込んでしまった。けれども、もう少し迷走してみたい。

ここで強調しておきたいことは、六世紀から八世紀にかけて、朝廷はふたつの勢力に分かれ敵対していたということで、この図式が見えてこないと、仏教と神道の葛藤《かっとう》だけではなく聖武天皇と東大寺の裏側も見えてこないのである。

そしてふたつの勢力は、七世紀後半、天智（中大兄皇子）と天武（大海人皇子）それぞれを推し、激突したのである。

なぜそうなったのかについては、四章で詳述するが、ここでは話を単純にしよう。天智天皇は中臣鎌足と組んでいて「反蘇我、親神道派●」に、かたや大海人皇子は蘇我氏と組んだから「親蘇我、崇仏派○」とくくることができる。

また、ふたつの勢力の変遷は、次のように描くことができる（●は「反蘇我派」、○は「親蘇我派」）。

天智天皇即位●→中臣鎌足の死と天智天皇崩御《ほうぎょ》→壬申の乱での大海人皇子の勝利→天武天皇即位○→持統天皇即位●→聖武天皇即位●

この流れのなかで、奇妙なことはふたつある。まず第一に、なぜ天武天皇の皇后鸕野讃良皇女が即位したら、天武の時代の○と持統の時代の●が入れ替わったのか、そして第二に、聖武天皇は仏教に帰依したのに、なぜ●なのか、ということである。

最初の謎の答えは、いたってシンプルだ。鸕野讃良皇女は即位すると、藤原不比等を大抜擢したが、持統天皇は天智天皇の娘で、藤原不比等は中臣鎌足の子なのだから、これは「天智＋中臣鎌足政権」の再来で、あきらかな●なのだ。

つまり、持統天皇の即位は、歴史には記されなかった静かなクーデターだったことになる。

ではなぜ聖武天皇が●なのかということになるが、これはのちに再び触れる。

問題は、●の藤原不比等が大宝律令《たいほうりつりょう》（七〇一）を完成させたことによって、神道を中心にした律令体系が構築されたことなのである。

つまり、七世紀に律令整備がはじまり、同時に仏教が国策として広められたが、八世紀に完成した律令制度は、最後の最後に、「神々の徴税システムを国家財政の基礎に置いた」ということになる。

つまり、「氏子」が「氏上」に収穫の一部を差し出し、「氏上」はそれを「氏神」に捧げ、祀り、「氏神」の霊力をつけた籾《もみ》を「氏子」に配るという徴税システムを国家レベルにしたものが、田租《でんそ》などの律令制の租税であった。「総氏上《そううじのかみ》」としての天皇が、皇祖神《こうそしん》を祀り、その霊力を氏子から吸い上げた稲に吹き込み、豊穣を約束されたありがたい稲（種籾）を再分配するシステムであった。

国家の中心にあって政局を実質的に動かす太政官《だいじょうかん》と、神を祀るための役所である神祇官《じんぎかん》が、建て前上とはいえ同等の地位に置かれたのは、このためだ。

そして、神祇官のトップを中臣氏が牛耳り、太政官のトップを藤原氏や親藤原派が独占することによって、藤原氏の天下は誕生したのである。

藤原不比等と律令制度

こうして、六世紀から八世紀に至る、改革事業のふたつの大きな流れを描くことができるようになった。

六世紀に仏教が伝来し、改革派の蘇我氏は、新来《しんらい》の宗教を中央集権国家造りに利用できると考えた。これに対し、ヤマトの信仰の基礎を築いた物部氏や中臣氏は、激しく抵抗し、仏寺を破壊し、難波の堀江に仏像を流してしまった。

それでも蘇我氏は仏教を捨てず、ようやくの思いで仏教を普及させることに成功し、物部守屋は滅ぼされる。その後蘇我氏と物部氏は和解し、物部氏は率先して既得権益を手放していったのである。

ところが、中臣氏を中心とする守旧派は、抵抗の手をゆるめなかった。これに手を貸したのが、百済王子・豊璋であった。その後の政局は流転し、天武天皇崩御ののち、天智天皇の娘の持統と中臣鎌足の子の藤原不比等が権力を握り、律令を完成させていく。そして、「神祇官」が支配する徴税制度を完成させたのだった。ここに、蘇我氏が目指した「仏教を中心に据えた改革事業」は、完璧に頓挫《とんざ》したのである。

そこで話を進める前に、ひとつ説明しておかなければならないことがある。それは、改革潰しに走った中臣鎌足の子の藤原不比等が、なぜ律令制度を完成させたのか、ということである。

答えは簡単なことだった。藤原不比等は、律令を利用して私腹を肥やそうとしたのだ。

壬申の乱（六七二）の直前、中臣鎌足は亡くなるが、『懐風藻《かいふうそう》』の記事の中に、晩年、中臣鎌足が大友皇子《おおとものみこ》の即位を願うようになり、大海人皇子を悪人呼ばわりしていたという一節がある。大海人皇子は中臣氏の宿敵・蘇我氏が推していたため、これは自然なことだ。だから大海人皇子が大勝利を収めて以来、中臣氏や藤原氏の活躍が、ぱったりと消えてしまう。天武朝で藤原氏は没落したのである。

ならばなぜ、藤原不比等は持統天皇即位後急速に力をつけ、朝堂を牛耳るまでに出世できたのだろう。そしてなぜ、藤原氏はこののち千年の間、権力者の地位を保ち続けることができたのだろう……。それは、「千年に一度のチャンス」がめぐってきたからである。

私見が正しければ、藤原不比等は百済王子・豊璋（中臣鎌足）の子である。日本に広大な領土をもっていなかっただろうし、私有する民も限られていただろう。そんな藤原氏が、どうやってのし上がったのか……。藤原不比等は幸運だった。律令制度は豪族から土地と民を奪い、原則として、実力に応じて官位と役職、サラリーを得られる。既得権益は取り払われ、地位と富の世襲は、原則禁じられる。旧豪族は、みなここで、裸になるのだ。

藤原不比等は「それならば、同じラインに立てる」ことに気付いたのだろう。しかも、藤原不比等は律令を整備する役人になり、現実に律令作りに励んでいくことによって、他の豪族を支配することに成功する。

法律は、完成したからすぐに運用できるというものではない。何をすれば法にひっかかるのか、その裁量は、法を作った人間、法を支配する者に委ねられる。したがって、法の番人になった藤原不比等は、律令を自分なりに解釈することによって、権力者の地位を、不動のものにしていったわけである。

律令制度の矛盾と破綻

神の支配する律令制度。しかし八世紀後半になると、不思議な現象が各地で起きてくる。神社で祀られる神々が、「もう神でいることに疲れた」と託宣《たくせん》を下し、その様子が都に伝えられてきたのだ。そして、各地の神官が、次第に都に集まらなくなってしまう。しかも神でいることを拒否した神々は、なんと仏教に帰依してしまった。これが、神仏習合《しんぶつしゅうごう》の端緒のひとつである。

　神が託宣を下し、「もう神でいることに疲れた」と語ったという話は、もちろん臭い芝居で、神官たちが律令制度の矛盾に辟易《へきえき》し、システムから離反しようとしていたことを意味する。そして、律令制度の矛盾が噴き出し、民が窮乏し、流亡《るぼう》する者まで現れてくると、地方はいよいよ疲弊していったのであり、神官たちは悲鳴を上げたのだろう。

　ところで、大宝律令（七〇一）の施行によって、律令制度はほぼ完成したとされ、各地の民の戸籍が作られ、土地が公平に分配された。そして、広大な領地を私有していた地方豪族たちは、領地を国に差し出し、それぞれの地域の役人になっていた。土地を失った彼らに同情するのは、気が早い。意外にしたたかだったからだ。

　奈良時代も終わるころ、各地で役所の倉がよく燃えた。しかも朝廷には、「神の祟りだ」と報告された。ところが、これには裏があって、役人自身が火を放っていたのだ。倉の中身は百姓《おおみたから》が納めた米や布で、倉に火を放つ前に外に出し、役人が懐に収め、その上で、倉を焼き、「神の祟り」と言って、報告していたわけだ。時代劇に登場する悪徳代官のような卑劣さではないか。

　地域を管理する郡司《ぐんじ》たちは、土地を登録し国家に申請する役割を担っていたが、彼ら自身が国の命令通りに動かず、密かに、隠し田（隠田《おんでん》）を所有していたらしい。つまり旧豪族たちは、「なぜ黙って国にすべての土地を差し出す必要があろう」と、抵抗したわけである。

皮肉なことに、律令制度の重税や労役に耐えかねて本貫地《ほんかんち》（故郷）を離れ、流浪した民の労働力を吸収したのは、国家には報告されていない豪族たちの隠田であった可能性が高いという（米田雄介《よねだゆうすけ》『古代国家と地方豪族』教育社歴史新書）。

ちなみに、もうひとつ皮肉な話がある。

この時代、「もうやってられない」と耕地を手放した者どもは、勝手に得度《とくど》し私度《しど》僧《そう》となる者が多かった。僧になれば、税も労役も免れたからだ。けれども、私度僧は取り締まられていたから、これよりもうまい手があったのだ。

『続日本紀』養老《ようろう》元年（七一七）五月十七日条には、次のような詔が載る。

「国中の百姓は、四方に浮浪し、課役を忌避《きひ》し、ついに王臣《おうしん》（天皇の臣下）に仕えて資人《しじん》（従者）になることを望み、得度を求めている。王臣たちは、本貫地の役所に無断で密かに百姓を使役《しえき》し、国司や郡司にお願いし、ついに勝手に私有してしまう。このため、多くの百姓が流離《さすら》い、故郷に戻ろうとはしない。もし密かに民をかくまい、留め置く者がおれば、律令の規定に沿って取り締まれ」

詔を出して取り締まるということは、現実に浮浪する者を資人に組み込んでしまう王臣が存在したのである。

ところで、勝手に王臣の資人になることは咎《とが》められたが、下級官人になることも、課役免除の手段になってしまったのである。

こうなってくると、律令制度は完成してすぐに、数々の矛盾を露呈していたことがわかる。

当時の人間にとって、律令制度は、画期的な制度に思えたのだろう。大化改新で民は熱狂したと、『日本書紀』は伝える。豪族の私有地だった田畑が、公平に分配されるのだから、大喜びするに決まっている。

しかし、律令制度は原始的な共産主義なのだから、破綻するのは時間の問題だった（もちろん、今考えればすぐわかることだ）。結局、公地公民制《こうちこうみん》は崩れ去り、貴族や寺社が荘園を獲得し、富み栄える時代が到来する。特に、藤原氏は貪欲《どんよく》に領土をもぎ取り、「錐《きり》をさしはさむ場所もなくなった」と非難されるほど、広大な荘園を手に入れたのだった。これが平安時代の実態である。

聖武即位への藤原の執念

日本の律令制度は、蘇我氏と孝徳天皇、天武天皇が礎を築き、最後の最後に、藤原氏が「おいしいとこ取り」をし、さらに蘇我氏の手柄をすべて横取りし、「藤原氏だけが栄える法制度」に仕立て上げたのである。

そして藤原氏は、蘇我氏の考えついた、「旧体制を破壊するための精神的な支柱＝仏教」という発想を、継承しなかった。もちろん、興福寺などの仏寺を建立したが、私的な寺にすぎなかった。その一方で、中臣氏と手を組み、伝統的な神道を利用した徴税制度を、継承したのである。

そうなってくると、謎めいてくるのが、聖武天皇である。

聖武天皇は、絵に描いたような「藤原の子」であった。

母は、藤原不比等の娘の宮子《みやこ》で、正妻も、藤原不比等の娘の光明子《こうみょうし》だ。藤原腹《ふじわらばら》の皇族として、はじめて即位した人物であり、藤原氏が外戚の地位を獲得した記念すべき天皇であった。

その聖武天皇が、仏教にのめり込み、東大寺を建立したのはなぜだろう。これは、ほとんど注目されてこなかったが、意外にも深い謎なのである。

藤原氏にとって聖武天皇の即位は、一族の繁栄の基礎となるべき一大事業であった。

聖武天皇を即位させるために、藤原氏はありとあらゆる手管《てくだ》を用いて、周囲のライバルを蹴散《けち》らしてきたのである。

その藤原氏の執念を記憶に留《と》めれば、聖武天皇の行動の不可解さは、容易に理解できるだろう。

もっともわかりやすい例が、和銅《わどう》六年（七一三）十一月五日に起きた、石川刀子娘《いしかわのとねのいらつめ》貶黜《へんちゅつ》事件である。

貶黜とは、官位を下げて斥《しりぞ》けることを意味している。『続日本紀』には、この日、

興福寺五重塔と猿沢池。

「石川・紀の二嬪《ひん》の号《な》を貶《おと》し、嬪と称《なの》ること得《え》ざらしむ」とある。ここに登場する「石川・紀の二嬪」とは、聖武天皇の父・文武天皇のキサキの石川刀子娘と紀竈門娘《きのかまどのいらつめ》で、あまりにも短い記事なので、何を言っているのか、よくわからない。

ちなみに、「嬪」とは、天皇のキサキの地位を表

している。また、この時点ですでに文武天皇はこの世の人ではなかった。文武天皇の崩御ののち、青天《せいてん》の霹靂《へきれき》で、二人が「嬪」を名乗ることができなくなったのである。

時間を遡った『続日本紀』文武元年（六九七）八月二十日条には、文武天皇のキサキの名が記される。そこには、藤原不比等の娘・宮子を「夫人《ぶにん》」に、紀竈門娘と石川刀子娘を「妃《ひ》（『嬪』の誤りとされている）」にすると記される。

この記事の書き方から、三人の女人の中で、宮子が頭ひとつ飛び出した存在ということになるが、「夫人（三位《さんみ》以上）」などの規定は、このころまだ定められていなかった。そのため、実際には三人は、同等の地位にあって、みな「嬪（四位《しい》、あるいは五位）」だったと考えられている。なぜ正確な記録が残らなかったのかといえば、のちに藤原氏の意を汲んで、『続日本紀』が差のある地位を記録したに違いないと、疑われている。

ではなぜ、文武天皇が亡くなったあとに、石川刀子娘らは「嬪を名乗ることができなくなった」のだろう。

石川刀子娘貶黜事件の裏側

貶黜が起きる条件は、近親の者が謀反《むほん》を起こした場合や、密通、厭魅呪詛《えんみじゅそ》（呪うこと）だ。しかし石川刀子娘の親族が謀反を起こしたという記事がないことから、密通か厭魅呪詛ということになるが、石川刀子娘と紀竈門娘二人が同時に密通したというのもおかしな話で、残るのは厭魅呪詛だが、これも胡散《うさん》臭い。奈良朝末期の井上内親《いかみないしん》王《のう》と、子の他戸《おさべ》親王《しんのう》が、藤原政権の邪魔となり、厭魅呪詛したと咎められて幽閉《ゆうへい》され、同じ日に亡くなった（つまり、殺されたのだ）ように、多くの場合、厭魅呪詛というのは、言いがかりで用いられた政敵抹殺のための決まり文句であった。

それにしても、「嬪でいられなくなった」ことに、どのような意味が隠されていたのだろう。

まず、「石川」も「紀」も、どちらも武内宿禰《たけのうちのすくね》の末裔《まつえい》で、蘇我系豪族の名であったことが注目される。「石川」は「蘇我」そのもので、二人は藤原氏の宿敵であった。残る宮子は藤原不比等の娘なのだから、結局、藤原系の宮子が生き残り、蘇我系の「石川」と「紀」の二人のキサキが、地位を追われた、ということになる。

では、「嬪」の地位に、どれほどの重みがあったというのだろう。そして、この事件にどれほど大きな意味があったというのだろう。

『続日本紀』を読む限り、文武天皇所生の子は、宮子が産んだ首皇子《おびとのみこ》（のちの聖武天皇）だけだ。だから、首皇子が即位したことは、自然の流れのように見える。障害やライバルなど、どこにもなかったはずなのだ。ところが、首皇子には、腹違いの兄弟がいたようなのだ。しかも、石川刀子娘の息子である。
『新撰姓氏録《しんせんしょうじろく》』右京《うきょう》皇別《こうべつ》下をひも解くと、「高円朝臣《たかまどのあそん》」という一族の名が挙がり、「高円朝臣広世《ひろよ》から出る」といい、もともとは母親の姓をとり、「石川朝臣」を名乗っていたという。

ちなみに、『新撰姓氏録』の「皇別」とは、皇族を祖にもつ系譜を掲げているのだから、高円朝臣が天皇家の末裔だったことがわかる。当然、どの天皇から枝分かれしたのか、記録されるのが普通なのだが、高円朝臣に限り、出自がはっきりとしていない。皇族の末裔で「石川朝臣」を名乗り、素性がはっきりしないのは、妙にひっかかる。

『続日本紀』天平宝字四年（七六〇）二月十一日条に、石川朝臣広成《ひろなり》が、高円朝臣の姓を下賜《かし》されたと記録されている。この「広成」、『新撰姓氏録』にいう「高円朝臣の祖・広世」によく似ている。二人は兄弟ではないかと推理されている。そして、『新撰姓氏録』にいう「母が石川」で皇籍を離れた者といえば、文武天皇の嬪・石川刀子娘の子以外には考えられないのである。

石川刀子娘に二人の男子がいたという事実を、『続日本紀』はまったく記録していない。そして、なぜこの女人が貶黜の憂き目にあったのか、その理由を述べない。

一方で、貶黜事件から八ヵ月後の和銅七年（七一四）六月に、首皇子が立太子《りったいし》したという記事がある。事件のゴールは、ここだったのだ。すべて、藤原不比等の陰謀である。

あとから歴史をふり返るから、「藤原の子（聖武天皇）が即位したのは、当然のこと」と思ってしまう。しかし、この時代「石川（蘇我）」の権威と力は、いまだ侮《あなど》れないものがあったはずだ。

乙巳の変で蘇我入鹿や蝦夷《えみし》らの蘇我本宗家が滅亡したから、その後、蘇我氏は衰退したと、一般には信じられている。しかし、「蘇我ブランド」は、こののちも輝きを失っていない。「蘇我＝悪」という先入観があるから、このあたりの真相を、われわれは見失いがちなのだ。蘇我氏は改革派で、外戚として皇室に近い氏族だったのだから、彼らの血は長い間尊ばれたのである。

第一、蘇我氏の歴史をひも解いていけば、ヤマト建国に行き着き、当時すでに天皇家と近しい間柄にあったことは、拙著『伊勢神宮の暗号』（講談社＋α文庫）の中で述べたとおりである。

天武天皇に嫁いだ女人の中で、高い位にランキングされたキサキは、ことごとく蘇我系であった。第四十一代持統天皇、第四十三代元明《げんめい》天皇、どちらも母親は蘇我系である。少なくとも、名門の石川氏と成り上がりの藤原氏とを比べたら、月とスッポンほどの差があった。

したがって、石川刀子娘をキサキの座から引きずり下ろし、蘇我系の二人の男子を臣籍降下《しんせきこうか》させなければ、首皇子に即位の目はなかったのだ。さり気ない貶黜事件の記事の裏には、藤原不比等の陰謀が隠されていた。「藤原の子＝首皇子」を即位させるためのなりふり構わぬ悪知恵であり、子供だましのような手口ではないか。藤原不比等の執念というほかはない。

藤原の子の仏教狂いの謎

藤原不比等にとって聖武天皇は、野望を完遂するための初めの一歩であった。そして、次に生まれてきた光明子の子・基皇子《もといのみこ》は、前代未聞のスピードで、生後すぐ立太子をすませてしまっている。権力の頂点に立った藤原氏が、聖武天皇とその血統に、並々ならぬ期待を寄せていたことがわかる。

ところがなぜか、聖武天皇は次第に仏教にのめり込んでいくのである。すでに触れたように、聖徳太子の生まれ変わりではないかという伝説が生まれるほど、仏教興隆に尽力している。日本列島を蓮華蔵世界《れんげぞうせかい》に塗り替えようとした。これは、「藤原の子」としては、度が過ぎていたのではあるまいか。

天平勝宝元年に聖武天皇が大仏に向かって「北面」してしまったことは、改めて謎めくのである。本来「神の子」でもある天皇は、誰が目の前に現れようと、南面していなければならない。本居宣長は、国学者の立場で聖武天皇を罵《ののし》ったが、「藤原の子＝聖武天皇」が、仏に跪《ひざまず》いてしまったのは、やはり奇怪な光景なのである。

養老四年（七二〇）に編纂された『日本書紀』の中で、天皇は高天原《たかまがはら》から降臨した「神の子」と位置づけられた。天皇家の正統性は、神話によって証明されたのだ。そして、『日本書紀』編纂時の権力者が藤原不比等だったのだから、藤原氏が「神の子＝天皇」を前面に押し出すこと、その神の子の外戚になることによって、揺るぎない政権を構築しようとしたことは、間違いない。とすれば、「神の子」が仏の前に頭を垂れ、「仏の奴になる」と宣言したことは、藤原氏にすれば、驚天動地の事態だったろう。

しかも、聖武天皇は行基《ぎょうき》を大抜擢している。

吉田靖雄《よしだやすお》は『行基と律令国家』（吉川弘文館）の中で、行基は伝統的な神祇信仰（神道）を否定したわけではなく、神仏習合の初期の人として、棲み分けをはたしたのではないかと指摘している。つまり、仏教を重視するがゆえに、伝統的な信仰を排斥することはなかったと考えるのが、妥当と思われる。けれども、朝廷は、黙っていられなかったはずだ。

藤原政権は、私度僧が増殖し行基が活躍していては、律令制度の根幹が揺るがされかねないと判断し、弾圧していた。実際、私度僧は耕すべき土地を放棄してしまった不満分子だから、法治国家として取り締まるのが当然のことだった。

それにもかかわらず、聖武天皇は乞食坊主の頭領＝行基を、あろうことか仏教界の最高の地位、大僧正《だいそうじょう》に引き上げてしまったのである。

いったい聖武天皇は、何を考えていたのだろう。なぜ聖武天皇は、藤原の子なのに、蘇我系の聖徳太子の生まれ変わりと信じられていたのだろう。そしてなぜ、聖武天皇は蘇我氏の後押しした天武天皇の遺志を継承していたのだろう。なぜ聖武天皇は、蘇我氏と同じように、深く仏教に帰依してしまったのだろう。

天平十四年（七四二）の関東行幸に際し、聖武天皇は伊勢神宮に橘諸兄を参向《さんこう》させている。すると、聖武天皇の夢に光明を放つ玉女《ぎょくじょ》が現れ、

「日輪《にちりん》（天照大神《あまてらすおおみかみ》）は大日如来《だいにちにょらい》で、本地《ほんじ》は盧舎那仏なのだから、この理を悟り、仏法に帰依すべし」

と告げられたといい、東大寺建立を決意したと、『東大寺要録』にはある。

これこそ、神仏習合、本地垂迹《ほんじすいじゃく》説の萌芽《ほうが》と見なすべきだという考えがある。

確かに、聖武天皇は東大寺に宇佐八幡《うさはちまん》神を勧請《かんじょう》していて（手向山八幡《たむけやまはちまん》）、神道を無視しているわけではないし、行基も神仏習合に近い発想をもち、伊勢と大仏を結びつけようとしていたとされている。

東大寺の守り神として勧請された手向山八幡。

確かにそのとおりかもしれないが、宇佐の地方神だった八幡神が唐突に都に勧請されたのはなぜだろう。

そして最大の問題は、なぜあえて、神道と仏教を結びつけなければならなかったのかということ、さらには、これらの聖武天皇の目指した新たな宗教観が、藤原氏のために考え出されたわけではなく、むしろ、藤原氏を追いつめるための施策だったのではないかと思えてくることである。

天武系の王家は聖武天皇の娘・称徳(孝謙)天皇の代で途絶え、光仁《こうにん》、桓武《かんむ》天皇と、天智系が復活する。そして桓武天皇は、平城京を捨て長岡京《ながおかきょう》遷都を目論むが、新都造営に際し、仏教色を払拭しようと考えていた。桓武天皇を強く後押ししていたのは藤原氏で、やはりここでも、六世紀から続く仏教を巡るふたつの大きな流れは、健在だったのである。

だからこそ、聖武天皇の「仏教狂い」「大仏建立」は、謎めくのである。なぜ「藤原の子＝聖武天皇」が、藤原氏の忌《い》みきらうことをしでかしていたのだろう。

すべての謎は、東大寺の歴史を知ることで、解き明かされるのである。

第三章　悔やみおびえる王

平城京跡に再建された大極殿。

なぜ聖武天皇は平城京を抜け出したのか

なぜ聖武天皇は、仏教に帰依したのだろう。なぜ全国に国分寺を建てさせ、巨大な大仏を造立《ぞうりゅう》したのだろう。

聖武天皇は、謎だらけだ。天平九年（七三七）の藤原四兄弟の滅亡と天平十二年（七四〇）の藤原広嗣《ふじわらのひろつぐ》の乱によって一度、藤原氏が没落すると、行動が支離滅裂になる。謎の彷徨《ほうこう》もはじめるのだ。

天平十二年九月三日、大宰少弐《だざいのしょうに》藤原広嗣は、急速に台頭してきた反藤原派の玄昉《げんぼう》と吉備真備《きびのまきび》の排斥を要求し、兵を挙げた。朝廷は大野東人《おおののあずまひと》を将軍に立て、討伐に向かわせ、十月九日、板櫃河《いたひつがわ》（北九州市の紫川《むらさきがわ》下流域）で両軍は対峙したが、大野東人の軍勢が六千なのに対し、藤原広嗣は、隼人《はやと》ら一万の軍団を率いていたというから、この時点で、勝敗の行方ははっきりとしていたわけではない。朝廷軍が不利だったことは間違いない。

ところが、隼人たちを説得することに成功して、乱は平定《へいてい》したのだった。その報告が都にもたらされるよりも早く、十月二十六日、聖武天皇は次のように述べ、三日後、東国行幸に出発してしまった。

平城京跡に再建された朱雀門。

「朕は、思うところがあって、今月の末、しばらく関東に赴こうと思う。時期が悪いことはわかっているが、やむを得ない。将軍はこれを知っても驚いたり怪しんだりしないでほしい」

　こののち、伊賀《いが》、伊勢《いせ》、美濃《みの》、不破《ふわ》（関ケ原）、近江を巡り、山背国相楽《やましろのくにさがらかの》郡《こおり》恭仁郷《くにのさと》（京都府木津川市《きづがわし》加茂町《かもちょう》）に入り、ここを都に定めた。伊勢国関宮《せきのみや》滞在中に藤原広嗣の乱が平定されたと報告を受けたが、行幸は終わらなかったのだ。

　その後、紫香楽宮、恭仁京《くにきょう》、難波宮《なにわのみや》と、各地を転々とし、平城京に還都《かんと》したのは天平十七年（七四五）のことだった。

　なぜ聖武天皇は彷徨したのだろう。恭

仁京への遷都は、反藤原派を牽引していた橘諸兄とかかわりの深い土地だったからと考えられている。

またこの時代、疫病の蔓延によって平城京には、死骸がいたるところに転がっていた。凄惨な状況が長年つづいていたために、「汚穢《おわい》に満ちた旧都を捨て、清浄な新都に移ること、それが恭仁遷都の本意」とする考えもある（吉川真司『天皇の歴史02 聖武天皇と仏都平城京』講談社）。それも遷都の理由のひとつなのかもしれないが、「最大の理由」であったかというと、じつに疑わしい。もっと、政治的な思惑が隠されていたように思えてならないからである。

恭仁京遷都の理由については、のちに再び私見を述べようと思うが、ここは、一般の考えに従って記述を進める。

くり返される遷都

さて、藤原広嗣の反乱に動揺し、身近な橘諸兄ゆかりの地に転がり込んだ聖武天皇は、本格的に恭仁郷に京の建設を進める。

翌天平十三年（七四一）三月には、国分寺建立の詔を発し、閏三月九日、平城宮の武器を、甕原宮《みかのはらのみや》に運ばせた。天平十四年（七四二）二月には、恭仁京の東北に道を造り、近江国甲賀郡へとつなげた。紫香楽に離宮を造る準備であろう。八月に離宮を造り、行幸し、九月に恭仁京に戻り、十二月に紫香楽宮に行幸。天平十五年（七四三）正月、聖武天皇は紫香楽宮から恭仁京に戻った。四月と七月に紫香楽宮に行幸。十月、紫香楽宮に盧舎那仏《るしゃなぶつ》造営の詔を発し、十一月恭仁宮に戻る。十二月、平城宮の武器を恭仁宮に移し、平城宮の大極殿《だいごくでん》を恭仁宮に移築。ただし、紫香楽宮造営のため、恭仁宮の工事は中断される。

天平十六年（七四四）閏正月一日、百官《ひゃっかん》に恭仁と難波《なにわ》（大阪市中央区）のどちらを都にすべきか尋ねた。恭仁京を願うもの百八十一人、難波京は百五十三人だった。同様に、一般の人にも聞いてみたところ、多くは恭仁京と答えたとある。ところが、同月十一日、聖武天皇は難波行幸に出立してしまう。どうやら聖武天皇は、人々の気持ちを無視して、難波宮遷都を強行しようとしていたようなのだ。

十三日、脚の病のため恭仁宮に戻ってきた安積親王《あさかしんのう》が、亡くなる。

二月二十日、恭仁宮の高御座《たかみくら》（天皇の座る椅子）と大楯《おおたて》を難波宮に移動し、水路で武器を移した。二月二十一日、恭仁京から難波宮に移りたい人がいれば、これを許すとお達しがあった。

二月二十四日、聖武天皇は紫香楽宮に行幸し、二十六日左大臣から勅《みことのり》が発せられた。それによれば、

「今日から難波宮を都にすると定めた。この事態をわきまえた上で、都の人々は、旧都と新都を往来するように」

という。おそらく人々は、驚き、混乱しただろう。

四月十三日（聖武天皇は紫香楽宮滞在中）、不穏な空気が流れる。紫香楽宮西北の山から出火、城下の男女数千余人が、山に行き、木を伐《き》り、消火した。天皇は大いに喜ばれ、褒美を与えた。

十一月十三日、近江甲賀寺に大仏の体骨柱をはじめて建てる。

天平十七年（七四五）正月元日。にわかに新京（紫香楽宮）に遷都し、山を切り開き宮を造った。ただ、垣や塀が未完成なので、幕を張り巡らせた。

本来、石上《いそのかみ》（物部）氏と榎井《えのい》氏が大楯と槍《ほこ》を宮の門に立てることになっているが、大急ぎの遷都だったため、呼び寄せることができず、大伴宿禰牛養《おおとものすくねうしかい》と佐伯宿禰《さえきのすくね》常人《つねひと》が代役となった。

この状況から見ても、思いつきの慌ただしい遷都だったことがわかる。人々は、聖武天皇の動きに振り回されていたのだろう。

ここから先、紫香楽宮の周辺で火災が相次ぎ、大混乱に陥った話は、すでに第一章でしてある。

そして、五月二日、官人たちに都をどこにすればよいかを尋ねると、みな平城京と答えたため、聖武天皇は、ようやく平城京還都を決意したのである。
いったい、なぜ聖武天皇は、迷走したのだろう。なぜ、幾たびも、遷都をくり返したのだろう。

藤原の子から天武の子になった聖武天皇

聖武天皇は病弱で、藤原氏の傀儡《かいらい》というイメージがある。だから、この時、帝はノイローゼ気味だったのではないかとも、新たに登場した権力者に振り回されたにすぎない、とする考えもある。というのも、藤原広嗣が朝廷に反旗を翻《ひるがえ》す以前、すでに天然痘の病魔によって藤原氏の中枢がことごとくやられ、藤原氏は一度没落していて、聖武天皇を支えきれなくなっていたからである。

藤原大権力という後ろ盾を失った聖武天皇は、借りてきた猫のようになってしまった、という解釈である。

けれども、妙にひっかかるのは、東国行幸の行程が、大海人皇子（天武天皇）の壬申の乱（六七二）の行軍の足跡をなぞっていることなのだ。

多くの学者が、「よく似ている」というが、指摘されるまでもなく、ふたつの行程を地図で見比べれば、ほぼ重なってしまう。これは偶然ではなさそうだ。

すでに述べてきたように、聖武天皇は天武天皇を意識していたと思われる。その天武天皇の即位を願っていなかったのが中臣（藤原）鎌足で、天武天皇が壬申の乱を制すと、藤原氏は没落してしまう。

このように、天武天皇と藤原氏は、相容《あいい》れぬ関係にある。

つまり、聖武天皇は藤原氏に対し、「再び壬申の乱を起こしてもよいのだぞ」と、脅しをかける目的があったのではなかろうか。事実、平城京の藤原氏は、広嗣の蹶起《けっき》に呼応して、不穏な動きを見せていたようなのだ。

聖武天皇は、そんな藤原氏に対し東国行幸をすることによって、「私は藤原の子ではなく、天武の子として生きる」と宣言したのではなかったか。

ところで、聖武天皇を〝大きな構想をもった天皇だった〟と評価する遠山美都男《とおやまみつお》は、聖武天皇の関東行幸について、次のように推理する。藤原広嗣から「天皇失格」の批判を受け、災異をおさえられなかったことも手伝い、コンプレックスを抱いていた聖武天皇は、壬申の乱を追体験し、天武天皇が皇太子に立てた草壁皇子《くさかべのみこ》の正統な末裔《まつえい》であることをアピールしたかったと指摘し、さらに、もっと大きな意味が、別にあったとする。

聖武の行動は決して何かに怯えて逃げ回るといった一貫性のないものではなかった。

むしろそれは、一つの明確な目的に向かって邁進《まいしん》するものであって、その意味で極めて計画的な行動なのであった。（『彷徨の王権　聖武天皇』角川選書）

では、その目的とはいったい何か。

遠山美都男は、東大寺がそれまでの律令制的行政機構に支えられた仏寺《ぶつじ》とは異なり、民衆から自発的に労力や資財を供出された寺だったところに意味がある、という。それは、信仰上の話ではない。きわめて政治的な理由だ。つまり、律令制の行政機構に依存せずに、民衆を把握できたというのである。

彼は律令制国家の最高首長である天皇以上の実力の持ち主であるという評価をうけることになる。それは、広嗣からうけた批判をはね返して余りある評価である。（前掲書）

遠山美都男は、かつての聖武天皇に対する評価に不満を抱き、雄大な構想を抱き続けた英雄を思い描いているようだ。

しかし、どうにも納得できない。聖武天皇は、確かにこれまで考えられてきた人物像より、はるかに政治的な人物だと筆者も思う。しかし、聖武天皇を突き動かしていたのは、「律令天皇よりも上の実力を獲得する」という野望ではなく、もっと純粋な「何か」だったのではないかと思えてならないのである。

聖武天皇がはじめて智識寺《ちしきじ》を訪れ、感動したのは、「民衆を直接支配下に置けば、律令天皇の上に行くことができる」と考えたからではなく、「これで救われる」と、信じたからではなかったか。だからこそ、光明子も深く頷《うなず》き、聖武の背中を強く押したに違いないのである。

聖武天皇にのしかかった重大な試練を思い浮かべれば、このように考えざるを得ない。聖武天皇は、悔やみ、おびえる王であり、その理由を、まずはっきりとさせておかないと、この人物の行動の真意はつかめず、東大寺建立の背景も、見えてこないのである。

災異の責任をひとりで背負い込んだ聖武天皇

聖武天皇は、ことあるたびに、「朕《わ》が不徳《ふとく》を以《もち》て致《いた》す所《ところ》なり」と述べる。「何もかも、私の不徳が招いたことなのだ」と、悔やむのである。

その例を挙げてみよう。『続日本紀』神亀《じんき》四年（七二七）二月二十一日条の勅は、次のような内容だ。

このごろ、天の咎《とが》の徴《しるし》がしきりに現れ、災《わざわ》いの気が止まない。聞くところによれば、時の政《まつりごと》が道理にそむき、民の心が憂え、怨むようになると、天地の神々は咎めを告げ、鬼神《きじん》は異常を表すという。朕が民に徳を施すことが少なく、なお怠っているということだろうか。

鬼神の起こす天変地異は「私が民に、徳を施すことが少ないからだろうか」と、不安に思っている聖武天皇の姿が、ここにある。

さらに、『続日本紀』天平四年（七三二）七月五日条に、次のようにある。聖武天皇は都周辺の諸国に雨乞いをさせ、さらに、次のように詔している。

春から夏に至るまで雨が降らず、川の水は減り、五穀はややしぼんだ。まことに朕の不徳による。百姓《おおみたから》に何の罪があって、このような作物が萎《な》えることが起きようか。諸国に命じて、天神地祇《てんじんちぎ》と山川に、国々の長官自ら幣帛《へいはく》を奉《たてまつ》らせよ。

天候不順の理由を、聖武天皇は「私に徳がないからだ。民に責任はない」と、悔やみ、恥じ、謝り、神々を祀っている。

まだある。天平六年(七三四)四月七日に大地震が起きると、四月十七日に、次のように詔している。

地震という災いは、おそらくは施政に欠けることがあるからだろう。それぞれの官《かん》司《し》は、職分に励み、事務に精励するように。もし、成果が上がらなければ、位階を下げる。

と、やや叱責気味に語っているが、四月二十一日になると、使いを京と畿内に遣わし、民の様子を調べさせ、次のように述べている。

このごろ、災異が続いている。異常なことだ。思うに、朕のあなたたちに対する、慈しみ育てて徳化《とっか》する力が欠けていたかららしい。そこで使いを遣わし、苦しみ悩む様子を調べさせる。朕の気持ちをわかってほしい。

やはりここでも、「責任はこちらにある」と述べている。七月十二日には、これでもか、という風に、「私が悪い」と、次のような詔が発せられた。

朕が百姓を撫育《ぶいく》するようになって、何年もたった。朕の徳が行きわたらず、牢獄の罪人は減らない。一晩中寝ることも忘れ、憂え悩んでいる。このごろ、盛んに天変地異が起こり、地震が続く。まことに朕の導きが明瞭でないために、民の多くが罪を犯す。責任は、朕ひとりにあり、多くの民のかかわることではない。

こういって、大赦を行ったのだった。

同様の勅は、このものちも出される。天平七年（七三五）五月二十三日条である。

朕は、寡徳《かとく》の身で天皇の位に立って天下《あめのした》を治めている。ただ、治める方法に暗く、なかなか万民を安堵させることができない。このごろ、災異がしきりに興《おこ》り、咎めのしるしにあっている。戦々恐々《せんせんきょうきょう》として責めは朕にある。

やはりここでも自分を責めている。災異が起きるのは、自分が悪いからだ、というのである。

災異思想の広がり

天平九年（七三七）八月十三日、これまでの集大成のような詔が発せられている。

朕は天下に君として臨み、長い年月を過ごした。しかし、徳によって民を教え導くことはまだできず、民は安らかにしていない。夜もすがら、寝ることも忘れ、憂えている。また、春から災厄の気がにわかにおこり、天下の民が多く亡くなった。亡くなる百官も少なくない。まことに朕の不徳により、災厄を生じさせたのである。天を仰いで恥じ恐れ、安んじるところもない。よって、税を免じて百姓を優遇し、生活を安定させたい。だから、天下の今年の田租《でんそ》と長年にわたり貯《た》め込んでいる出挙《すいこ》の稲《いね》（一種の借金）を免除せよ。さらに、諸国で、風雨を起こし国家のためになる神なのに、神祇官《じんぎかん》から幣帛を預かっていない神々がいれば、すべて奉幣《ほうへい》の例に入れなさい。

これほど、自信のない主導者が、長い歴史の中で存在したであろうか。これほど弱気な発言をくり返していては、かえって民は不安になったのではあるまいか。

先述した、天平十三年（七四一）の国分寺建立の発願にまつわる詔も、「朕は、薄徳の身でありながら」「寝ても覚めても恥じてばかりいる」「自ら恥じる心と恐れる心が入り交じって、自責の念にかられる」と吐露している。

なぜ、聖武天皇は、ここまで自分を追いつめる詔を出し続けたのだろう。これが、古代天皇の常態だったのだろうか。

第四十四代元正《げんしょう》天皇は、養老《ようろう》五年（七二一）二月十六日に、次のような詔を発している。

朕は徳が薄く、民を導くための充分な才能もない。早朝から方策を求め、夜寝ようとしても、思いはとまらない。体は、宮の奥にあっても、心は民の元にある。

言葉は若干異なるが、やはり、「私には徳がない」と漏らしている。元正天皇は翌十七日にも、「旧典（古い書物）によれば、王の政令がそぐわない時に、天地《てんち》が責め、咎の徴を示すという。何か、道にはずれた行いをして、災異が起きているのだろうか」と、気をもむ発言がある。

ここにある「旧典」は前漢の董仲舒《とうちゅうじょ》によって記された『春秋繁露《しゅんじゅうはんろ》』で、中国の災異思想が、この時代取り入れられるようになったと考えられている。「災」とは小さな、「異」は大きな天候不順や天変地異をさしている。君主や王が、天の意志に背くような言動をした場合、はじめ小さな「災」が起こり、それでも改める気配がないと、「異」をもたらし、脅かす。為政者《いせいしゃ》がこれを無視すれば、国は滅ぶという思想だ。自然現象は、無意味に起きているのではなく、王の治世と相関関係にある、というのである。

元正天皇は、このような災異思想に則《のっと》り、天地《あめつち》の責めを、恐れているのである。

心労で政務を怠っていた聖武天皇

これらの詔が発せられた直前に編纂された『日本書紀』に登場する王家の物語の中にも、災異思想が色濃く反映されている。

実在の初代王と目される第十代崇神《すじん》天皇の時代、疫病が蔓延し、人口は半減してしまったという話がある。人々は流浪し、不穏な空気が流れた。この事態に、天皇の徳をもってしても治められなかったといい、この時、崇神天皇は占いをし、神の仕業と知り、丁重に祀るという話につながっていく。

この記事に、災異思想の影響が見て取れる。物語に似たような「アニミズム的な天変地異に対するごく自然な恐怖心」は、ヤマト建国時、誰もが共有していただろうが、それが明確な災異思想によって色づけされたのが、『日本書紀』の崇神天皇の記事ということになる。

八世紀の元正天皇が天変地異におびえていたのは、中国から日本にもたらされ、確固とした思想に裏打ちされた「自然に対する恐怖心」を人々が感じはじめていたからだろう。

ただし、だからといって、聖武天皇のように、何度も何度も、「何もかも私の責任だ」と語りつづけたわけではない。聖武天皇の脅え様は、尋常ではない。

森本公誠《もりもとこうせい》は『聖武天皇』（講談社）の中で、「責めはわれ一人にあり」という言葉を公言する理由は、かえって政治に自信があったからといい、次のように述べる。


危うさのまえから逃げようとする人間は多いが、天皇は逃げなかった。むしろ、天変地異が毎年のように続いて起こるということは、自分の政治に何か足りないところがあるのではないか、今までは中国的な徳でもって治めることを政治の基本にしてきたけれども、それだけでは不十分ではないかと大いに悩み、新たな道を模索することになった。

しかし、どうにもしっくりこない。聖武天皇が「私が悪かったのだ」といっている言葉は、素直に聞くべきではなかろうか。

どんな人間も、孤独で弱い。王ともなれば、威厳を保たねばならぬが、国中でもっとも孤独な存在が、王である。聖武天皇に、その孤独感を超越するだけの気概が、そう簡単に生まれたとは思えないのである。

たとえば、『続日本紀』の天平五年（七三三）の年間を通じた記事の量は、きわめて少ない。その理由は、聖武天皇が政務を怠けていたからだ。同年八月十七日の条に、

「天皇が朝堂《ちょうどう》に臨御《りんぎょ》され、はじめて諸々《もろもろ》の政事《まつりごと》を聴いた」

とあるように、ようやく表に顔を出したのである。

聖武天皇は、光明子の母・県犬養三千代《あがたいぬかいのみちよ》の死（正月）と、これに続く光明子の体調不良が原因でふさぎ込んでいたようなのだ。五月二十六日には、

「皇后（光明子）はすでに、長期にわたり病床にある。色々試したが、験《しるし》がない。この煩《わずら》いと苦しみを思うと、寝食を忘れてしまう」

と述べている。とても、政治に自信を持っていた人物の言葉とは思えない。

金鐘寺と基《もといのみこ》皇子

すでに触れたように、天平時代は天変地異が止まない恐怖の時代だった。そして、

たまたま災異思想が一般的に知られるようになって、聖武天皇の恐怖は倍増されたのかもしれない。

また、気になるのは、聖武天皇の詔の中に登場した「鬼神」という言葉で、怨霊《おんりょう》思想の萌芽が見られると考えられている。

ただし、災異思想や怨霊思想が中国からもたらされるまでもなく、古代の日本人は大自然の猛威に対し畏敬の念を抱きつづけてきたし、これが神道の本質でもあった。そして、神を怒らせれば恐ろしい目に遭うと信じていたのである。

他の拙著の中で述べてきたように、多神教の神には二面性があった。基本的に神は「恐ろしい鬼のような存在」であり、いったん怒り出せば、人間の力では手に負えなくなる。これをわれわれは「自然の猛威」というが、古代人は神の仕業と考えていた。その一方で、恐ろしい神を祀り、なだめすかせば、豊穣をもたらすありがたい存在に化けるのだった。これを、「もっともらしく体系化した」のが、中国の災異思想や怨霊思想であろう。

だから、八世紀になったから突然天皇が神々の祟《たた》りにおびえたわけではないし、神を恐れる気持ちは、太古から継承されていたのである。

聖武天皇は、「天変地異はなぜつづくのか」を自問し、「思い当たる節」があったのではあるまいか。これから述べていくように、聖武天皇は、悲しい出来事と「悔やまれる選択」の、ふたつの過去をもつからである。

そこで、聖武天皇の心の闇を覗《のぞ》くために、まず注目しておきたいのは、東大寺の前身となった寺だ。名を金鐘寺と言った。平城京の東側の高台に建てられた。

その金鐘寺建立には、ひとりの皇子の早すぎる死が、かかわっている。

神亀四年（七二七）閏九月二十九日、光明子は待望の男子・基皇子を産み落とす。ちなみに、藤原不比等はもうこの時、すでに亡くなっている。藤原不比等の四人の子（武智麻呂《むちまろ》、房前《ふささき》、宇合《うまかい》、麻呂《まろ》）が、朝堂で勢いを増していた時代である。

それはともかく、『続日本紀』は、「皇子《みこ》誕生《あれま》す」と記すだけで素っ気ないが、宮中は沸き立ったことだろう。とくに、藤原不比等の四人の子は、藤原氏が正真正銘の「外戚」となったことを、心から喜んだはずだ。父も母も藤原系の初の男子が産まれたのである。

もちろん、父親の聖武天皇も、感涙にむせんだことだろう。

皇子誕生を巡る朝廷の動きは、この直後から慌ただしくなっていく。十月五日、聖武天皇は中宮《ちゅうぐう》（光明子と基皇子が暮らしている場所）に出向き、皇子の誕生を祝うために、大赦を行った。死罪となる者をも許したのである。役人たちには物を賜《たまわ》り、皇子と同じ日に産まれた者に、布や綿、稲を贈った。六日には、王臣《おうしん》以下下級役人や女孺《にょじゅ》（雑事を担当する下級女官）たちにも禄を下賜した。

基皇子の早すぎる死

十一月二日、聖武天皇は再び中宮を訪ねた。太政官《だいじょうかん》と八省《はっしょう》は、それぞれが上表し、皇子の誕生を祝い、合わせて玩具を献上した。この日、朝堂院《ちょうどういん》で宴が催され、下級役人たちも、おこぼれに与《あずか》った。五位以上の者には、真綿を賜った。そして、唐突ながら、立太子の詔が発せられた。

「朕、神祇《じんぎ》の助けによって、宗廟《そうびょう》（皇祖《みおや》）の霊のおかげで、久しく神器《じんぎ》（レガリア）を保ち、新たに皇子を授かった。これを皇太子に立てる。百官に布告し、知らせるように」

三日、僧綱《そうごう》と僧尼《そうに》九十人が上表し、皇子の誕生を祝った。そこで、物を賜った。十四日、大納言《だいなごん》従二位多治比真人池守《たじひのまひといけもり》は、役人を率いて太政大臣の館で皇太子を拝した。十九日には宴を催し、五位以上の者と無位の諸王に賜った。二十一日には、従三位藤原夫人《ふじわらのぶにん》（光明子）に食封《じきふ》千戸が下賜された……。これが、基皇子誕生にまつわる一連の朝廷の動きだ。

皇族ひとりの誕生にまつわるあれこれを、『続日本紀』がここまで詳しく記した例はない。しかも、基皇子は生後間もなく、皇太子に冊立《さくりつ》されている。これも、前代未聞の出来事であった。藤原氏の強引な手法と言っていい。

ところが、神亀五年（七二八）八月二十一日には、次のような勅が発せられている。

皇太子が病に倒れ、治る気配がない。三宝《さんぼう》（仏法僧《ぶっぽうそう》）の力を借りねば、病の苦しみから解き放つことはできないだろう。そこで、敬って、観世音《かんぜおん》菩薩像百七十七体、経百七十七巻を造り、礼仏転経《らいぶつてんきょう》し、行道《ぎょうどう》（僧尼が経を読みながら、列をなして仏像や仏堂のまわりを回ること）するように。

そして、聖武天皇はありとあらゆる手をつくすが、九月十三日、皇太子は薨去《こうきょ》してしまった。聖武天皇はひどく悲しみ、三日間政務を休んだ。あまりにも幼くして亡くなったので、慣習により、喪礼《もれい》は行われなかった。

十一月三日、従四位下智努王《ちぬのおおきみ》を造山房司長官《ぞうさんぼうしのちょうかん》に任じた。「山房」とは、金鐘寺のことで、聖武天皇は基皇子追悼のために建立を決意したことになる。さっそく二十八日には、智行具足《ちぎょうぐそく》の僧九人を山房に住まわせている。基皇子の菩提を弔うためだろう。ちなみにこの山房が金鐘寺と呼ばれるようになるのは、天平十一年（七三九）のことだ。

長屋王の邸宅跡。膨大な数の木簡が発見された。

内臣《うちつおみ》という禁じ手

ところで、基皇子のために金鐘寺建立がはじまったそのわずか三カ月後の天平元年（七二九）二月十日、長屋王《ながやのおおきみ》の謀反が発覚する。

基皇子の逝去と長屋王の謀反事件は、密接にかかわりをもっている。そしてこの事件こそ、聖武天皇の生涯を決定づけたから、以下しばらく、長屋王について、考えておかなければならない。

長屋王は高市皇子《たけちのみこ》の子で、天武天皇の孫に当たる。高市皇子は卑母の出でありながら壬申の乱で活躍し、その後、太政大臣に登用された有力な皇族であった。

他の拙著の中で述べてきたように、天

武天皇は蘇我氏や尾張《おわり》氏と強くつながっていた。天武天皇自身、蘇我の血を引いていた可能性が高い（拙著『「天皇家」誕生の謎』講談社＋α文庫）。したがって蘇我氏との関係を、高市皇子も継承していたであろう。当然、長屋王は藤原氏に睨《にら》まれたわけである。

長屋王は文武両道に秀《ひい》で、親蘇我派の太政大臣の子として将来を有望視され、反藤原派に期待されていたのだ。

長屋王が反藤原派と見なされたもうひとつの理由は、この人物が持統天皇の血を引いていなかったからだ。この事実は意外に大きな意味を持っている。

天武天皇亡きあと、藤原不比等は持統天皇に抜擢されると、持統所生の草壁皇子とその子・軽皇子《かるのみこ》（珂瑠皇子《かるのみこ》）の即位を画策し、奔走した。草壁皇子は早世したが、紆余曲折《うよきょくせつ》を経て、軽皇子の即位（文武天皇）を実現している。この時以来、「持統系の皇統」を藤原氏が推し、反藤原派は「非持統系」と手を組むという図式が成立した。持統天皇の血を引かぬ長屋王は、当然反藤原派の旗頭となった。

けれども、藤原氏が台頭し、朝堂を独占しようとしたその時、藤原の血を引かない皇族として頭角を現したという事実が、この人物の悲劇の原因にもなった。

養老四年（七二〇）に藤原不比等が没した翌年、長屋王は右大臣に就任した。本来ならば、ナンバー2の位置だが、左大臣不在だったから、朝堂のトップに立ったことになる。ただし、藤原氏は手を打っていた。四兄弟の次男・房前《ふささき》を内臣《うちつおみ》に立てたのである。

内臣とは、律令の規定にない役職で、藤原氏が編み出した、ずる賢い権力維持装置である。

元正天皇から、「藤原房前は内臣となって、天皇の命令と同等の重みをもったその言葉で天皇の政務を助け、永く国家を安定させるように」という詔を引き出すことで、右大臣に対抗しようと目論んだのだ。法律には書かれていないが、本来濫用してはいけない天皇の権威、権力を、発揮させたのだ。藤原氏が元正天皇を抱え込んでいたからこそできる寝技である。

本来ならば、右大臣・長屋王の配下にいるはずの房前に、天皇と同等の発言権（ようするに実権）を与えてしまったことになる。

藤原氏は律令（法）と天皇の両方をすでに支配していたから、このようなごり押しが可能だったのである。

女帝を立てて他勢力を排除した藤原氏

神亀元年（七二四）二月四日、元正天皇は皇太子・首《おびとの》皇子《みこ》（聖武天皇）に禅譲

し、藤原氏の悲願が達成された。「藤原の子」が、ようやく即位したのである。

聖武天皇即位直後の詔には、文武天皇以下聖武天皇即位に至る複雑な経過が、先帝・元正の言葉を借りてコンパクトに述べられているので、要約してみよう。

まず、この統治すべき国は、汝《なんじ》（聖武）の父・文武天皇が汝に賜った天下《てんか》の業《わざ》（神《しん》意《い》に沿って統治すべき天下）である。ところが、汝が若すぎたゆえに、汝の祖母にあたる元明天皇に皇位を授けられた。けれども、霊亀《れいき》元年（七一五）に、皇位を私に譲られたのだが、この時元明天皇は、「天智天皇が定められた不改常典《ふかいのじょうてん》に従い、いずれわが子（孫の聖武）に、皇位を授けよ」と述べられた。だから、いつか譲ろうと思っていたが、昨年の九月に白い亀という瑞兆《ずいちょう》が現れた。これこそ、皇位を嗣《つ》ごうとされる方の御世《みよ》の名（年号）のしるしに現れてきたものに違いない。そこで、神亀の年号を定め、皇位を汝に譲る、というのである。

ここで訴えられているのは、文武天皇から聖武天皇に皇位を継承させるために、元明と元正二人の女帝が間に立ち、中継ぎの役をはたしたということで、その正統性の根拠は、天智天皇の定めた不改常典による、というのである。ちなみに、元明天皇は天智天皇の娘で持統天皇の妹、元正天皇は文武天皇の姉である。

ところで、元正天皇の言葉には、藤原氏によって仕組まれた歴史の粉飾がある。というのも、すでに触れたように、和銅《わどう》六年（七一三）、石川刀子娘《いしかわのとねのいらつめ》貶黜《へんちゅつ》事件が起きている。元明天皇の時代だ。この時点まで、文武天皇の遺児の中で、誰が皇位継承権を獲得するか、まったく決まっていなかったのだ。その証拠に、事件の八ヵ月後に、首皇子が立太子している。ただ、これもすでに述べたように、「家柄」からいえば、石川（蘇我）系の二人の男子が、有力であった可能性が高い。したがって、文武天皇から聖武天皇への皇位継承が、あたかも既定路線であったかのような元正天皇の発言は、貶黜事件を無視した、藤原氏の脚色にすぎない。

ただし、藤原不比等が文武天皇の崩御ののち、元明天皇を担ぎ上げたのは、「何としてでも首皇子を即位させたい」という執念からである。元明の次に独身女帝・元正天皇を中継ぎ役に選んだひとつの理由は、「藤原氏の傀儡」という意味だけではなく、後見役としての「ミウチ（蘇我氏や紀《き》氏らのキサキの親族）」が存在せず、他勢力の排除を目論んだからこそだろう。

したがって、この詔からはっきりとすることは、藤原系の皇族を即位させるために、藤原氏が奮闘してきたということだ。しかも、どのような手段でも駆使する恐ろしい歴史を、われわれは知ることができるのである。

光明子を皇后に立てる意味

藤原氏の念願が叶い、聖武天皇は即位した。そして、前例のない形で、生後間もない基皇子を皇太子に冊立してのけたのである。この手法を永遠につづけていけば、盤石な形で藤原の天下はつづく。

けれども大きな誤算は、基皇子の早すぎる死だった。藤原系の男子が途絶えてしまったのだ。何度も言うように、あとから歴史をふり返るから、藤原氏は順調に権力基盤を固めていったように見えるが、藤原系の嫡子《ちゃくし》が消えた上に県犬養広刀自《あがたいぬかいのひろとじ》は安積《あさか》親王を産み落としていたから、この御子が即位する可能性も出てきた。まわり中に「非藤原系皇族」が居並ぶこの状態は、じつに危惧《きぐ》すべき事態であった。せっかく手に入れた外戚の地位を、みすみす手放すことになりかねなかった。そうなれば、元の木阿弥《もくあみ》である。

光明子が次々と男子を産み落としてくれれば問題はなかったが、結局二人の間に生まれた子は、阿倍内親王《あべないしんのう》(のちの孝謙、称徳天皇)と基皇子だけだった。

もっとも、基皇子が亡くなった時点で、藤原氏はこののち男子が生まれないことを予想できたわけではないし、「一日も早く次の子を」と願っていたに違いない。

そこで次に藤原氏が目論んだのは、つぎの二点であろう。
（1）次に生まれ来る藤原腹の御子（現実には光明子の子）だけを皇太子に据える態勢を整える。
（2）「名門氏族・藤原氏」を確立するためにも、いまだ粘り強く生き残っている「蘇我（石川）系皇族を葬り去る」こと。

そのために必要だったのは、まず光明子を皇后に立てることだった。立太子に有利な条件は、母の身分の差であり、皇后になった者の子が、最有力候補になる。たとえは悪いが、本妻の子と妾《めかけ》の子では、待遇が異なるのとよく似ている。

また、藤原氏は将来的には光明子を天皇に仕立て上げる腹づもりだったとする考えもある。

光明子の時代、藤原氏は中国の女帝・則天武后《そくてんぶこう》（武則天《ぶそくてん》）の影響を受けていた。制度刷新は、則天武后の施策を参考にしていた。年号を四文字にしたのも、則天武后を手本にしている。仏教を重視したのも、則天武后に倣《なら》ったとされる。

また、光明子の生涯は、則天武后の足跡をなぞっているかのようだ。豪商の娘にすぎなかった則天武后が、皇后位に登りつめ、病弱だった高宗《こうそう》に代わって政務を司り、さらに、中国の歴史上唯一の女性皇帝となる。中国では、王家の交替は易姓革命《えきせいかくめい》と呼ばれ、前王朝の腐敗を新王朝が世直しをしたという大義名分で、正当化される。だから、藤原氏も、光明子を皇后位につけ、さらに女帝の地位を狙っていた可能性は高い。

吉田《よしだ》孝《たかし》は『歴史のなかの天皇』（岩波新書）の中で、次のように述べる。

武則天が皇后から皇帝へすすむのに対して、光明子は皇后・皇太后で終わるが、反対勢力を押しつぶして娘を女帝とした。武則天は貴族制社会の閉鎖性を打破し、光明子は氏族制的な国制を変革する突破口をひらいたのである。

吉田孝は、光明子と藤原氏の行動を、「変革」とみなし、肯定的に捉える。藤原氏が「ひとつの氏にひとりの議政官《ぎせいかん》」という不文律を無視し、南家《なんけ》・北家《ほっけ》・式家《しきけ》・京家《きょうけ》に分かれ、「家ごとにひとりの議政官」という新たな方式を創造したことを、「ウヂからイエへの、日本社会の長期にわたる大変動のはしり」と称賛するのである。

けれども、藤原氏は「よりよい社会をめざしていた」のではなく、「自家の繁栄のためには、多くの者を犠牲にしてもかまわない」と考え行動していたのだから、「変動」や「変革」ではなく、むしろ「専横」と表現するのがふさわしい。

「古い秩序を破壊する者はみな正義」という単純な発想が戦後の古代史を支配し、その弊害がいまだに取り除かれていないのは、不幸なことだ。そのために、藤原氏の本質が、これまで見落とされてきたのである。

それはともかく、藤原氏が光明子を皇后に立てようと企てていたことは、確かである。そして、光明子を皇后に立てるために障害となるのが、長屋王であった。というのも、光明子が皇后になるのは非常識なことだったからだ。

不文律から言えば、皇后位は皇族の女性に限られた。永いヤマト朝廷の歴史の中で、豪族出身の皇后は、第十六代仁徳《にんとく》天皇の磐之媛命《いわのひめのみこと》ただひとりだけだった。葛城《かつらぎ》氏の祖・葛城襲津彦《かつらぎのそつひこ》の娘である。

ただし、当時の律令の規定（後宮職員令《こうきゆうしきいんりよう》）は、じつに曖昧であった。天皇のキサキになる資格を下位から順に行くと、次のようになる。「嬪《ひん》」は四人で、五位以上の女人《によにん》。「夫人《ぶにん》」は三人で、三位以上。「妃《きさき》」は二人で、資格は四品《しほん》以上だ。「品」とは、親王や内親王（ようするに天皇の子）に与えられる位階だから、「妃」の上に位置する「后（皇后）」は、当然四品を下ることはないはずだ。つまり、皇族がふさわしいということになる。ところが、律令は、皇后位の規定を省いてしまっている。何も書いていないのだ。

これは明らかに、法として欠陥である。けれども、藤原不比等は、わざと法の抜け道を用意していたのではなかったか。すなわち、将来的に藤原氏が外戚の地位を保ちつづけるには、「皇族でなければ皇后を継承することはできない」という不文律が、邪魔でしょうがない。そこで、「何も書かない」ことによって、「藤原氏が皇后位を奪い取る可能性」を残しておいたのではなかったか。

もちろん、長屋王は律令の不備を見抜いていただろうから、藤原氏の動きを警戒していたようだ。

皇太夫人《こうたいぶにん》事件の真相

神亀元年（七二四）二月六日というから、聖武天皇が即位した二日後、まだ基皇子が生まれるまえのこと、次の勅が発せられた。

勅《みことのり》して正一位藤原《ふぢはらの》夫人《ぶにん》を尊《たふと》びて大夫人《だいぶにん》と称《まう》す。

ここに登場する藤原夫人とは、聖武天皇の母・宮子を指している。

この勅は何の変哲もないように見える。聖武天皇即位の陰の功労者に尊称を授けようというものだからだ。しかし、長屋王は三月二十二日になって異議を申し立てた。

「『公式令《くしきりょう》』の規定では、天皇の母の称号には皇太后、皇太妃《こうたいひ》、皇太夫人があって、上から順に、皇后、皇族出身の妃、豪族出身の夫人を指して呼んでいます。これに照らし合わせれば、藤原夫人は皇太夫人と呼ぶべきで、勅に従えば皇の字が欠け、逆に法に従えば、大夫人と称すること自体が違法になります。われわれは、勅と法のどちらを守ればよいのでしょう」

この問いかけに朝廷は、

「文書で記すときは皇太夫人とし、呼ぶときは大御祖《おおみおや》とするように」

と、訂正したのだった。

かつてこの事件は、好き勝手をする藤原氏に対して、長屋王が一矢報いた事件と信じられていた。藤原氏が光明子を皇后位につけるための下準備として、小手調べに、宮子に律令にない規定を与えようとしたのだろうということだ。これに対し長屋王の正義感が発露され、勅を撤回するという前代未聞の事態にまで追い詰めたというのが、従来の考えだったのだ。

しかし、異論が提出されている。

律令の規定に従えば、天皇の母になった宮子は、「皇太夫人」の称号が正しい。ところが最初の藤原氏のごり押しと思われていた勅では、「大夫人」と呼ぶと言っていて、これでは長屋王の言うとおり「皇」の字が欠けてしまう。藤原氏にとってこれは、むしろ痛手である。

そこで倉本一宏《くらもとかずひろ》は、『日本古代国家成立期の政権構造』（吉川弘文館）の中で、「大夫人」と呼ぶようにという最初の勅を出すように仕向けたのは長屋王の方で、それはなぜかといえば、豪族と皇族の差をはっきりとつけようとしたからであり、これに反発した藤原四兄弟と県犬養《あがたいぬかいの》（橘《たちばなの》）三千代《みちよ》ら「当時の権力構造の中での実質的な中枢を占める部分」（前掲書）の人びとが、太政官で改めて審議させ、勅を覆し、屈辱的な結論を、長屋王自らの口で発表させたに違いないと、推理したのである。

この考えは斬新だが、違う見方もできる。この事件はもっと単純な図式に描き直すべきなのだ。

かつての通説は、藤原氏と長屋王の対立を「皇親政治《こうしんせいじ》を推進する長屋王vs.改革派＝藤原氏」とみなしてきた。そして皇親政治は「王家の専制政治」、藤原氏は「律令を整備した改革派」というふたつの常識から抜け出せなかったために、事件の真相を見のがしがちなのだ。しかし、すでに触れたように、皇親政治は律令制度が整うまでの、仮の統治形態で、「朝堂を独り占めしようとする藤原氏」が出現してしまったことで、皇親政治をやめるタイミングがずれ込んでしまったということである。

後に再び触れるように、長屋王が言いたかったのは「もう、皇親政治はやめて、法による統治に一本化しようではないか」ということだったのだろう。

大伴旅人《おおとものたびと》の大宰府《だざいふ》赴任は左遷か

藤原氏は邪魔になった反藤原派の長屋王を追い詰めるために、反藤原派の豪族を、引きはがしていく作戦に出る。標的になったのは、大伴旅人である。基皇子が生まれた神亀四年（七二七）ころ、大伴旅人が大宰帥《だざいのそつ》に就任した。今日で言うならば、外務大臣といったところか。この年、大伴旅人は九州の大宰府に赴いた。このとき長屋王は正二位左大臣で、大伴旅人、藤原武智麻呂、藤原房前は正三位だった。長屋王＋大伴旅人 vs.藤原四兄弟の図式が、出来上がっていた。だから、大伴旅人の大宰府行きは、長屋王にとって大きな痛手だったろう。

大伴旅人の不運は、大宰府赴任の翌年、妻を失ったことで、大伴旅人は傷んだ心を、歌にして残している。

大伴旅人の大宰帥就任は、長屋王を孤立させるための左遷だったと筆者は考えるが、一方で、左遷説は成り立たないとする考えは、根強いものがある。

たとえば、歴代大宰帥には錚々《そうそう》たる顔ぶれがつづいていたし、官位は正三位、従三位があたっているのだから、要職といってても過言ではないというのである。

しかし、大伴旅人の大宰帥就任は、左遷としか思えない。

大宰帥は遥任《ようにん》と言って、一般には外交上の大事件が起きない限り、実際に現地九州には赴かないものだった。時代はやや遡るが、大化五年（六四九）三月、蘇我倉山田《そがのくらやまだ》石川麻呂《いしかわまろ》を無実の罪で死に追いやった蘇我日向《ひむか》は事件ののち大宰府に赴任するが、人々は「隠流《しのびながし》か」と言い合ったという。すなわち、「実質的な流罪《るざい》なのではないか」と噂されたという。平安時代の菅原道真《すがわらのみちざね》も、大宰府に赴任したが、これとて、現実には左遷であり、藤原氏の陰謀によって幽閉《ゆうへい》されてしまうのである。

大宰府で酒浸りになった大伴旅人

大伴旅人は幽閉こそされなかったが、都の政治から引き離されてしまったことは間違いない。長屋王を支援しようにも、手も足も出なかった。そうこうしている間に、天平元年（七二九）二月、長屋王は謀反の嫌疑をかけられ、一族とともに滅亡してしまったのである。

事件の経過は、のちに述べるが、大伴旅人はここから自嘲的な歌を残していく。特に、『万葉集』巻三―三三八～三五〇の「大宰帥大伴卿《まえつぎみ》、酒を讃《ほ》むる歌十三首」は、同年三月から四月にかけて作られたようで、長屋王の死を嘆き、その本心を、酒浸りになった自分の姿をさらすことによって、表現しているように思えてならない。

巻三—三四一と三四三の歌が、わかりやすい。

賢《さか》しみと物いふよりは酒飲みて酔泣《ゑひなき》するしまさりたるらし

（大意）賢そうに物を言うよりは、酒を飲んで酔い、泣いたほうが、勝《まさ》っている……。

なかなかに人とあらずは酒壺《さかつぼ》に成りにてしかも酒に染《し》みなむ

（大意）中途半端に人間でいるよりも、いっそのこと酒壺になってしまいたい。酒に浸りたい……。

ここまで来ると、もはやアルコール依存症気味である。次の歌も興味深い。巻三—三四四だ。

あな醜《みにく》賢《さか》しらをすと酒飲まぬ人をよく見れば猿にかも似る

（大意）ああ、醜いことだ。賢人ぶって酒飲まぬ人は、よく見れば、猿に似ている……。

この歌に登場する「猿に似ている」とからかわれた人物は誰かと言えば、それは長屋王の変を主導した藤原武智麻呂ではないか、とする説がある（五味智英《ごみともひで》『万葉集大成　第十巻　作家研究篇　下』平凡社）。まさに正鵠《せいこく》を射《い》ていよう。藤原武智麻呂と特定しなくとも、藤原四兄弟そのものを糾弾しているのかもしれない。

ただ悲しいことに、こののち大伴旅人は、藤原房前に命乞いをし、許されていたようなのだ。その様子がわかるのが、『万葉集』巻五―八一〇と八一一の歌なのだが、詳述は避ける。

長屋王謀反事件

さて、話は平城京に戻る。

聖武天皇は基皇子の死から三日間、政務を休んだ。基皇子の逝去から長屋王の謀反事件に至るまで、朝廷はまるで機能が麻痺したかのように、政治の空白状態が続いていた。だから『続日本紀』の記事は、ほぼ空っぽだ。不気味な沈黙がつづいた直後、長屋王の謀反記事が唐突に登場したのである。

事件のむごたらしさは、長屋王本人だけではなく、一族が道連れになったことであった。このような例は、あまり聞いたことがない。なぜ、罪もない妃（吉備内親王《きびのひめみこ》）

や子供たちまで、殺される必要があったのだろう。しかも、疑いを掛けられ、時間をかけず、有無を言わさず、抹殺されたのである。

事件の経緯を追ってみよう。

天平元年（七二九）二月十日、左京の住人である従七位下の漆部造《ぬりべのみやつこ》君足《きみたり》と無位の中臣宮処連東人《なかとみのみやこのむらじあずまひと》らが、

「左大臣正二位の長屋王は密かに左道《さどう》を学び、国家を倒そうと企てております」

と、密告してきた。

従七位下という官位は、下級役人のもので、もうひとりは無位なのだから、事件の出だしから、じつに胡散臭《うさんくさ》い。

その晩、使者が三関《さんげん》（伊勢国鈴鹿《すずか》・美濃国不破［関ケ原］・福井県敦賀《つるが》市南部の旧愛発《あらち》村《むら》と滋賀県高島《たかしま》市マキノ町との境にある有乳山《あらちやま》付近）に遣わされ、関所が閉ざされた。式部卿《しきぶきょう》従三位藤原朝臣宇合《うまかい》らは六衛府《ろくえふ》の兵士を率い、長屋王の邸宅を囲ませた。

十一日、中納言《ちゅうなごん》正三位藤原朝臣武智麻呂らを長屋王の邸宅に遣わし、その罪を尋問させた。十二日、長屋王を「自ら尽《し》なしむ」、つまり、自尽《じじん》（自殺）させたのである。妃の吉備内親王、子の膳夫王《かしわでのおおきみ》、桑田王《くわたのおおきみ》、葛木王《かつらぎのおおきみ》、鉤取王《かぎとりのおおきみ》らは、自ら首をくくった。邸宅に残った人々は捕らえて、監禁した。

十三日、使いを遣わして、長屋王、吉備内親王の屍《しかばね》を生駒山に葬らせた。勅して、

「吉備内親王に罪はない。だから前例にしたがって葬送しなさい。ただ、鼓吹《くすい》（音《おん》曲《ぎょく》）は控えるように」

こうして、監禁されていた人々は釈放され、長屋王の葬儀は、皇族だから、醜いものにしないようにと、命じられた。

十五日、聖武天皇は勅して、次のように述べた。

「長屋王はむごくねじ曲がり、暗く悪い人間であったが、その性格がそのまま現れ、悪行の限りを尽くして、目の粗い網にひっかかった（重い罪を犯した）。だから、奸《かん》党《とう》（与《くみ》する輩《やから》）を刈り取り平らげ、賊悪を除き、滅ぼさなければならない。国司らは、一味を取り逃がしてはならない」

十七日、外従五位下《げじゅごいのげ》上毛野朝臣宿奈麻呂《かみつけののあそんすくなまろ》ら七人は、長屋王と通じていたとして、連座して流刑に処せられた。そのほかの九十人は、許された。十八日、石川朝臣石足《いしかわのあそんいわたり》らを遣わして、長屋王の弟鈴鹿王《すずかのおおきみ》の宅で、勅を述べさせた。

「長屋王の兄弟、姉妹、子孫、さらに妾のうち、連座して罰せられるべき者も、男女を問わず、放免する」

ここに来て、寛大な処置が下された、と言うべきか。

二十一日、長屋王の謀反を密告した例の二人に、外従五位下の官位と封戸三十戸、田十町《じっちょう》を下賜した。

これが、『続日本紀』に記された、事件のあらましである。

罪なくして殺された長屋王

『続日本紀』は、事件の後日譚《ごじつたん》を載せている。それが、天平十年（七三八）七月十日の刃傷沙汰《にんじょうざた》で、次のようにある。記事をそのまま訳しておく。

「大伴宿禰子虫《おおとものすくねこむし》は刀で中臣宮処連東人を斬り殺した。大伴宿禰子虫ははじめ長屋王に仕え、すこぶる恩遇をこうむった。ここにいたり、たまたま中臣宮処連東人と隣の官司に勤めることになった。仕事の合間に二人で碁を打った。話題が長屋王に及んだとき、子虫は怒り、東人を罵《ののし》り、ついに剣を抜いて斬り殺してしまった。東人は長屋王のことを誣告《ぶこく》した人である」

この一節、大きな問題を秘めている。中臣宮処連東人が長屋王の謀反を「密告」したという話なら、何の問題もない。ここには、「誣告」とある。「誣告」とは、「偽りの報告」を意味している。すなわち、「長屋王は左道を学んで国を傾けようとしている」という報告は、嘘であったことを、正史『続日本紀』が認めているのである。

下級役人が左大臣を無実の罪で貶《おとし》めた大事件が、長屋王の変であった。それがわかっているのなら、なぜ中臣宮処連東人は咎を受けなかったのだろう。しかも密告者二人は、特進し、高級官僚の仲間入りをしている。なぜ、出世したまま、職務に就いていたのだろう。現代風に言えば、役人の嘘で総理大臣が自殺に追い込まれたのだ。役人が辞表も出さないとは、どういうことだろう。

答えは簡単なところにある。中臣宮処連東人は、使いっ走りにすぎなかったのであり、裏で操っていたのは、藤原四兄弟である。

だいたい長屋王は、「左道を学んでいる」と訴えられたが、「左道」には、「よこしまなこと」「呪術《じゆじゆつ》」「厭魅《えんみ》」程度の意味しかないのである。

証拠があるわけでもないのに、たった三日で、一家は滅ぼされたのだ。しかも、長屋王のもとに嫁いでいた藤原不比等の娘の長娥子《ながこ》と、子の安宿王《あすかべのおおきみ》、黄文王《きぶみのおおきみ》、山背王《やましろのおおきみ》、教勝《きようしよう》らは許された。すべては、藤原四兄弟の陰謀である。

藤原四兄弟がこの世からすっかり消え去った翌年に東人が斬り殺されたのも、偶然ではない。東人は後ろ盾を失っていたのに、「あれは、俺がやった」「密告は嘘だった」と、自慢気に語ってしまったのだろう。浅はかな男である。

ではなぜ、聖武天皇は、長屋王を処刑してしまったのだろう。

長屋王の変の本当の標的は吉備内親王

ヒントを握っているのは、「左道」であろう。すでに触れたように、左道とは、邪道であり、よこしまな何かをしていたのである。これを、道教を駆使した呪術とみなす考えが根強いが、いずれにせよ、厭魅呪詛の類《たぐい》を行ったということになる。

藤原四兄弟の誰かが密告を受け、聖武天皇に、

「基皇子の早逝《そうせい》は、長屋王の仕業に違いありません」

と進言すれば、藤原氏の手で純粋培養された聖武天皇は、何の疑いももたず、断罪を即決したであろう。

ただし、妃や子までも殺せと命令したかどうか、はっきりとしない。おそらくしていないだろう。やはり、これも藤原氏の仕業にちがいない。

梅澤恵美子《うめざわえみこ》は『不比等を操った女』（河出書房新社）の中で、次のように述べる。

藤原氏が長屋王と一族を滅ぼしにかかった究極の目的とは、蘇我の子、吉備内親王の子を根絶やしにしたかったことではなかったのか。

まったく、そのとおりだと思う。どういうことか、説明しよう。

吉備内親王は、血統としては申し分なかった。草壁皇子と元明天皇の間の娘で、元正天皇や文武天皇とはきょうだいだ。祖父母と母が天皇で、血筋という点で言えば、

長屋王の上をいっていた。しかも、藤原氏にとってたちの悪いことに、吉備内親王には「蘇我」の血が流れていた。祖母が蘇我倉山田石川麻呂の娘であった。つまり、吉備内親王は藤原氏にとって、モグラ叩きのように、ひとつひとつ叩きつぶしてきた宿敵のなかで、最後の難敵だった。蘇我の亡霊である。

　皇族としても地位が高いのだから、仮に蘇我氏の血が混じっていないとしても、基皇子が亡くなった時点で、吉備内親王の子たちがもっとも有力な皇位継承候補に浮上していた可能性は、すこぶる高い。それほど吉備内親王の毛並みのよさは際立っていたのだ。

　通説は、長屋王が藤原氏に楯《たて》突《つ》いたから、悲劇は起こったと考える。光明子を皇后に仕立て上げようと藤原氏は企み、これを阻止しようと長屋王は立ちはだかったという。また、長屋王は皇親政治を維持しようと目論み、かたや藤原氏は、皇親政治体制からの脱却を図り、長屋王が邪魔になったという。

　しかし、もっと大きな視点を持つべきではなかったか。藤原氏が狙っていたのは、長屋王の首ではなく、「蘇我狩り」であり、「藤原の子が永遠に皇位に即《つ》く世界」を作り上げることであった。

　もし仮に、聖武天皇と光明子の間に男子が生まれなければ、「藤原の子を再生産する」という野望は、ここで途切れる。藤原氏にとって、これは悪夢であった。最悪の事態を回避するには、まず「藤原の敵」を消してしまう必要があったということだろう。

何度も言うようだが、歴史をあとからふり返ってみるから、藤原氏は順調に権力基盤を突き固めてきたように見える。しかし、それぞれの局面ごとに、彼らは危機意識を抱きつづけてきたのである。

そして藤原四兄弟は、「左道を学んだ長屋王」という口実（実際には濡れ衣であったが）を使って、吉備内親王の子を抹殺したのである。

ついに長屋王の変の年の八月、不比等の娘・光明子は皇后位に冊立されたのである。

不改常典と五節田舞《ごせちのたまい》

長屋王の変によって、反藤原派は「旗印」を失った。すでに触れたように、長屋王を後押ししていた大伴旅人に至っては、大宰府から歌を都に送り、藤原房前に媚び、命乞いをして都に戻ることを許された。反藤原派は、こうして息をひそめざるを得なくなってしまったのである。

藤原四兄弟は、わが世の春を謳歌《おうか》するに至る。藤原氏の独裁体制は完成したのだ。

これで光明子に男子が誕生すれば、完璧な藤原政権となる。

ところが、藤原の天下は長続きしなかった。天平九年(七三七)に、天然痘が平城京を襲い、藤原四兄弟は一気に病魔に飲み込まれ、全滅してしまったのだ。誰がこのような結末を予想できただろう。

ここに、権力の空白が生まれ、橘諸兄、玄昉、吉備真備らが頭角を現していく。聖武天皇は「非藤原勢力」に取り囲まれることとなった。藤原広嗣が九州の地で乱を起こしたのは、まさにこのタイミングだった。そして、すでに述べたように、聖武天皇は謎の関東行幸に出発するのである。

関東行幸のルートは天武天皇の壬申の乱の行軍ルートをなぞっていた。その天武天皇は藤原氏の敵なのだから、聖武天皇の行動は、権力の座から滑り落ちた藤原氏を見限っていたことを意味している。ならば、「藤原の子」として育てられた聖武天皇は、本心から、反藤原派に従ったのだろうか。あるいは、橘諸兄ら、新たな勢力の要求に、しぶしぶ従わざるを得なかったのだろうか。

そもそもなぜ、聖武天皇はなかなか平城京に戻ってこなかったのだろう。何が、不満だったのか。これも、橘諸兄たちの献策によるものなのだろうか。

問題は聖武天皇が、藤原四兄弟の全滅後、「藤原の子」と「天武の子」どちらの立場にいたのか、ということである。

慶雲《けいうん》四年（七〇七）、元明天皇が即位したとき持ち出された「正統性の証明」は、天智天皇が定めたという不改常典であった。天地や日月と同じように長く遠く、改めてはならぬ常《つね》の典《のり》として立てられた法だという。聖武天皇即位に際しても、この法が登場していることは先に触れた。

本当に天智天皇がこのような法を創案していたのかというと、じつに怪しいのだが、ひとつ確実なことは、持統天皇以下聖武天皇の即位に至るまで、裏で王家を操っていたのは藤原氏であり、「天智の遺志」を前面に出すことによって、持統から続く血統が「天智系の王家」であることをアピールしていたのである。

ところが、藤原四兄弟滅亡後の聖武天皇は、ことあるたびに「天武の王家」であることを強調している。

たとえば天平十五年（七四三）五月五日、恭仁京内裏《だいり》で阿倍内親王《あべないしんのう》（のちの孝謙天皇）は「五節田舞」を披露している。この舞は、「聖《ひじり》の天皇命《すめらみこと》」が、君臣の秩序を整えるには礼《らい》（天地の秩序）と楽《がく》（天地の和）をふたつ並べて長く平和を保つことが必要と思われ、創作されたものだという。ここに登場する「聖の天皇命」とは、天武天皇のことだ。この舞を、皇太子である阿倍内親王に学ばせたのだと言い、それを太《だい》上天皇《じょうてんのう》（元正）の前で舞ったのである。

聖武天皇は、「藤原の子」「天智王家の子」から、「天武の子」に入れ替わっていたのではあるまいか。

では、何が聖武天皇を動かしたのだろう。それは、通説が言うように、権力者が入れ替わったからなのだろうか。

筆者は、「長屋王の祟り」が、聖武天皇を変えたのだと思う。

天変地異と長屋王の祟り

長屋王の変からしばらくして、祟りの恐怖が、都に忍び寄っていた気配がある。『続日本紀』天平二年（七三〇）六月二十九日、次のような記事がある。

「雷が鳴り、雨が降った。神祇官の屋根に落ち、火の手が上がった。人や動物のなかに、落雷で亡くなる者も出た」

落雷記事は、無視できない。『日本書紀』も、中臣鎌足の死の直前、館に雷が落ちたことを特記している。

筆者は、中臣鎌足が無実の罪で蘇我入鹿を殺していることと、『日本書紀』や『扶桑略記《ふそうりゃっき》』の記事から、蘇我入鹿が祟って出ていたと指摘し、件《くだん》の記事は、蘇我入鹿の祟りにまつわる人々の恐怖心の残像だったと考える。だから、長屋王の変の翌年の「中臣氏の支配する神祇官への報復」に、都人たちは不気味な衝撃を受けたに違いないのである。

その後も、長屋王の祟りは噂に上りつづけたのだろう。『日本霊異記』には、長屋王滅亡事件と、その後の経緯を語る次のような別伝が記される。

長屋王が謀反を企んでいるという報に接した聖武天皇は、怒り、兵を差し向けた。

すると長屋王は、

「捕らわれて殺されるぐらいなら」

と、子供たちに毒を飲ませ、首を絞めて殺し、自らも毒をあおって亡くなった。

聖武天皇は勅し、死骸を平城京の外に運ばせ、焼き、砕き、川に撒《ま》き、海に捨てた。ただ長屋王の骨だけは、土佐国《とさのくに》（高知県）に追いやったという。

すると土佐では百姓がばたばたと亡くなってしまった。そこで百姓たちは、

「長屋王の気（祟り）で、国の民が死に絶えてしまいます」

と、役所に訴え出たのだった。そこで聖武天皇は、長屋王の骨を紀伊国（和歌山県）の小島に移したという。

『日本霊異記』が記されたのは、九世紀の前半だ。ただし、延暦《えんりゃく》六年（七八七）には、原撰本が成立していた可能性もある。すると、奈良時代末から平安時代初頭、長屋王が祟っていたという話が、広まっていたことがわかる。もっとも、正史『続日本紀』は、「長屋王のその後」について、一言も触れていない。

ならば、いつごろから長屋王の祟りが語られるようになったのだろう。それは、『日本霊異記』の原撰本が出現する奈良朝末期のことなのだろうか。いや、そうではなく、事件の直後からではあるまいか。

これまで述べてきたように、天平時代は天変地異と疫病に苦しめられる悪夢の時代であった。そして異変は、長屋王の死後、到来するのである。

少し、天平の天変地異をおさらいしよう。長屋王の変が天平元年（七二九）二月だった。翌年には日照りで不作となり、各地に盗賊が出現。こののち、飢饉は何年もつづき、天平六年（七三四）には大地震が起きた。そして、天平七年（七三五）からは、疫病の蔓延である。

数年間つづく天変地異に、聖武天皇は「責任はすべて私ひとりにある」と言いつづけた。通説はこれを「災異思想が定着しつつあったから」と述べるが、これほど頻繁に「恐縮し、謝りつづける天皇」が存在しただろうか。思想が出来上がったから人はおののき陳謝するのではなく、「恐ろしくてたまらないから、災異思想にしがみついた」と考えた方が、自然である。

そして、天平九年（七三七）、聖武天皇は恐怖のどん底に突き落とされる。天然痘が大流行し、藤原四兄弟があっという間に全滅してしまったからである。

誰もが、「長屋王の祟り」を連想したに違いない。あるいは、「吉備内親王の祟り」

でもある。

藤原氏の進言とはいえ、聖武天皇は長屋王の謀反を信じ、断罪を裁可《さいか》した。聖武天皇は基皇子の死に苦しみ、その原因を「長屋王の呪詛」という進言に見出し、飛びついたのである。

けれどもその決断が、無実の長屋王一族を奈落の底に突き落とした。この責任は、じつに大きいし、主犯格の藤原四兄弟全員がいっぺんに世を去った事態を見て、聖武天皇は驚愕したことだろう。聖武天皇自身が事件の当事者であり、最高責任者であった。震え上がり、長屋王一族を祀りあげたに違いないのである。

別人になった聖武天皇

長屋王は祟って出た……。ただし困ったことに、長屋王を祀った神社仏閣が見あたらない。日本中探しても、どこにもない。ならば、「祟る長屋王」は、のちの世に創作された物語なのだろうか。

そうではあるまい。巨大な寺院を、われわれは見落としていたのではなかったか。つまり東大寺建立の目的のひとつに、長屋王一族鎮魂が隠されていたのではあるまいか。

法隆寺の中門と五重塔。

筆者は他の拙著の中で、天武天皇が蘇我系であると推理し、天武天皇や長屋王を、「蘇我の亡霊」とひとくくりにして、法隆寺で祀っていたのではないかと指摘してきた。その考えは今も変わらないが、東大寺建立の目的を考えたとき、長屋王の鎮魂も、ひとつに数えられるのではないかと思えてきたのである。

国分寺建立の詔が発せられたのは、藤原四兄弟全滅の四年後の天平十三年（七四一）で、国分尼寺の正式名称が法華滅《ほっけめつ》罪《ざい》之《の》寺《てら》（罪滅《つみほろ》ぼしの寺）だったことは、注意を要する。

もちろん、国家護持を謳う経典『金光《こんこう》明経《みょうきょう》』自体が、懺悔《さんげ》による滅罪を説いているのだから、「それは偶然」とすますことはできる。しかし、天平の災異を、聖武天皇は「責任は私ひとりにある」と言いつづけ、「天の怒り」におびえつづけた。その責任から解放されるには、「罪滅ぼし」が必要だったろうし、そうすることによって、天変地異や疫病の蔓延を抑えることができると信じていたのではあるまいか。

聖武天皇は別人になったのである。「藤原の子」として純粋培養されたにもかかわらず、長屋王の祟りに衝撃を受けたのだろう。藤原四兄弟が全滅しただけではない。天平時代の終わりのない天変地異の原因を突き詰めていけば、無実の罪で殺されてしまった長屋王とその一族の恨みを連想せざるを得なかったのである。

ただし、ここでひとつの疑念に行き着く。

確かに、長屋王の祟りは恐ろしかっただろう。けれども、いくら藤原四兄弟が全滅したとはいえ、聖武天皇の身辺は、藤原系の人々で満ちあふれていたはずなのである。

その代表格が、光明《こうみょう》皇后（光明子）である。藤原不比等の娘で、巨大な発言力を有していたであろうこの女人が、聖武天皇の暴走を黙って見ていたのだろうか。

光明子は藤原不比等の娘であることばかりに注目が集まるが、同時に県犬養（橘）三千代の娘でもあった。実際にこの女人が頼りにしていたのは、県犬養三千代の方であった可能性が高いのである。

ここに、東大寺と聖武天皇の秘密を解き明かすヒントが隠されていたのである。

天平の高貴な女人たちの悲劇と復讐こそ、東大寺の謎を解く大きな鍵となってくるのである。

第四章　復讐する天平の女たち

東大寺戒壇院は出家者が受戒するための場。

なぜ斉明《さいめい》天皇を弔う観世音寺《かんぜおんじ》が光明子の時代に完成したのか

東大寺建立の裏事情や、聖武天皇と光明子の正体を知る上で、どうしても語っておかなくてはならないのは、斉明（皇極《こうぎょく》）天皇のことで、この女人の悲劇性の裏側が理解できないと、八世紀の女人たちが何を目論んでいたのか、その意味を知ることはできない。

そこで遡ってみたい歴史がある。それが、観世音寺（福岡県太宰府市《だざいふし》観世音寺）である。

観世音寺は天智天皇が母・斉明天皇の追善のために建立を発願した寺だった。ただし、造営は、遅れに遅れた。天智天皇から聖武天皇に至るまで、七代の天皇の時代にわたる八十余年を経てようやく完成した。天平十七年（七四五）、玄昉《げんぼう》が造観世音寺別当となり、翌年に落慶法要《らっけいほうよう》が営まれた。

ただし玄昉の造観世音寺別当就任、実際は左遷で、急速に頭角を現しつつあった藤《ふじ》原仲麻呂《わらのなかまろ》の餌食になったようだ。玄昉は九州の地で亡くなるが、藤原広嗣《ひろつぐ》の亡霊に殺されたのだと、まことしやかに語られた。しかも、平城京の藤原氏の氏寺《うじでら》・興福寺に玄昉の首が落ちていたという。話を蒸し返すが、藤原広嗣が乱に際し、「排斥しろ」

と糾弾したのが、玄昉であり、広嗣の祟りに、敗れたということになる。それはともかく、聖武天皇と光明子の時代に観世音寺が完成したことは、じつに因縁めいているように思えてならない。

話を観世音寺と斉明天皇に戻そう。なぜ天智天皇は、畿内ではなく九州太宰府に寺地を求めたかというと、斉明天皇が九州で亡くなっているからである。

ではなぜ、斉明天皇は九州に赴いていたのか、その理由を、『日本書紀』の記事から追ってみよう。

斉明六年（六六〇）十月、百済《くだら》の鬼室福信《きしつふくしん》は、日本に使いを遣わし、人質となって来日していた百済王子・豊璋《ほうしょう》を迎え入れ、王に立てたいと要請してきた。さらに、百済復興のために、救援軍を求めてきたのである。

斉明七年（六六一）一月、斉明天皇は中大兄皇子らとともに、軍勢を率いて、瀬戸内海を西に向かい、三月二十五日、那大津《なのおおつ》（博多湾）に入り、陣を構える。ただし斉明天皇は、五月九日、朝倉 橘 広庭宮《あさくらのたちばなのひろにわのみや》（福岡県朝倉《あさくら》市）に移動したのち、最前線基地から後方に下がった内陸の地に仮宮《かりみや》を建てた。ところが七月二十四日、斉明天皇は崩御する。

そしてこののち、倭国軍は朝鮮半島に向かい、白村江《はくすきのえ》の戦い（六六三）で大敗北を喫したのだった。

大海人皇子と漢皇子《あやのみこ》は同一人

なぜ斉明女帝は、自ら軍勢を率い、九州の地に赴いたのだろう。斉明だけではない。額田王《ぬかたのおおきみ》をはじめ、多くの女人たちが、遠征に参加している。

近年、斉明天皇はやり手で豪腕の女帝だったという考えが急速に支持を得るようになってきている。また、乙巳《いっし》の変《へん》の蘇我入鹿暗殺を仕掛けた黒幕は、皇極（斉明）天皇や弟の孝徳天皇だったといい、目的は、皇位継承を王家の自由な判断で行うことによって「強い王」を目指したから、とする。だからやり手の女帝・斉明が遠征に積極的に参加しても、不思議ではなかったことになる。だがこれは、大きな誤解である。

斉明天皇は、最初蘇我氏全盛期に擁立された。これが皇極天皇で、親蘇我派の皇族であったと考えない限り、即位の理由がわからなくなる。

蘇我氏の血の薄い皇極天皇が、なぜ蘇我氏によって担ぎ上げられたのだろう。理由は、蘇我系皇族・高向王《たかむくのおおきみ》（用明《ようめい》天皇の孫か子）と結婚していたこととかかわりがありそうだ。『日本書紀』に従えば、高向王との間に産まれ落ちた子が漢皇子で、その後、再婚した舒明《じょめい》天皇との間に生まれたのが、中大兄皇子（のちの天智天皇）と大海人皇子（のちの天武天皇）である。

ただし中世文書の多くが天智と天武の年齢を逆に記録していることから、大海人皇子が中大兄皇子の兄なら、大海人皇子と漢皇子は同一人物ではないかとする考えがあり、筆者もこの考えを支持している。

そして、舒明天皇崩御ののち皇極天皇が立てられたのは、蘇我系の漢皇子を即位させるためではないかと推理したのである。

舒明天皇の皇后だった宝皇女《たからのひめみこ》（のちの皇極天皇）と蘇我系皇族・高向王との間の子が「漢」で、まだこの時点で、「漢」は「漢皇子（皇子は天皇の子）」ではなく「漢王《あやのみこ》（王は天皇の孫や曾孫等）」であった。皇位継承権が争われた場合、「王」は「皇子」に比べて決定的に弱い立場だ。そこで蘇我氏は、「漢」を有力な皇位継承候補に引き上げるために、宝皇女を即位させたのではないかと、筆者は考える。

なぜ仲の悪い大海人皇子を天智天皇は皇太弟に選んだのか

大海人皇子は漢王で、蘇我本宗家が推していたと考えると、古代史の多くの謎が解けてくる。

皇極天皇の子・大海人皇子（＝漢皇子）の即位を蘇我氏は望んでいたが、ヘソを曲げたのは中大兄皇子だったろう。蘇我の血が薄いというだけで、同じ母から生まれた大海人皇子と自分に、差が付いてしまった。そこで中大兄皇子は、中臣鎌足の誘いに乗り、蘇我入鹿暗殺を決行し、大海人皇子即位の芽を摘み取ったのである。

蘇我本宗家滅亡後、失意のなか皇極天皇は弟に禅譲する。即位したのが孝徳天皇で、この人物は蘇我氏が推し進めていた改革事業を継承し、シンボルとなる難波長柄《なにわのながらの》豊碕宮《とよさきのみや》の造営に取り組んでいく。

孝徳天皇は、改革事業が軌道にのったら、大海人皇子に皇位を譲ろうと考えていたのだろう。ところが中大兄皇子と中臣鎌足は、孝徳朝の要人暗殺をくり返し、改革政権を弱体化させることに成功する。律令制度は土地制度改革でもあり、豪族から土地と民を吸い上げ、既得権益をすべて奪い去るところからはじめなければならず、当然抵抗する勢力は増大していったに違いなく、中大兄皇子は守旧派をかき集め、改新政府を潰したのだろう。

孝徳天皇の最晩年、中大兄皇子は飛鳥への遷都を進言し、受け入れられないと見るや、孝徳ひとりを難波宮に残し、勝手に飛鳥遷都を敢行してしまう。

反動勢力の勝利ということになる。これまでの常識では、中大兄皇子と中臣鎌足は改革派なのだから真逆の考えだが、中大兄皇子は即位したのちも、これといった改革事業を残していない。それに対し、壬申の乱を制した天武天皇は、ブルドーザーのように改革を推し進めた。皇族だけで権力を独占し、大鉈《おおなた》を振るって、豪族たちを黙らせたのだった。これが、皇親政治である。

ついでに言っておくが、天武天皇の皇親政治は、律令が整うまでの暫定的な処置であって、「天皇や皇族に恒常的な権力が転がり込んだ」という単純な話ではない。じつは、この皇親政治が、のちのち大きな意味をもってくるので、覚えておいてほしい。

さて、斉明天皇没後、中大兄皇子が即位すると、不思議なことに、大海人皇子が皇太弟に選ばれた。二人は仲が悪いのに、なぜだろう。

とある宴席で二人は口論となり、天智天皇は大海人皇子を斬り殺そうとしたが、中臣鎌足が仲を取り持って収まったという話が、『藤氏家伝《とうしかでん》』にある。

私見は、「中大兄皇子は大海人皇子の即位を阻止するために乙巳の変を起こした」と考えるが、なぜ即位した天智天皇は、大海人皇子を厚遇したのだろう。

ヒントを握っているのは、天智天皇最晩年の人事だ。蘇我系豪族が朝堂をほぼ独占している。これも謎めく人事だが、ここに話の妙がある。天智天皇は白村江の戦いで日本を滅亡の危機に陥れ、それにもかかわらず即位できた。理由は簡単なことで、「大海人皇子を皇太弟に据えるという条件を出し、政敵と妥協した」からだろう。皇太弟の地位だけでなく、蘇我系豪族をも、朝堂に招かざるを得なかったのである。

結局、天智天皇の崩御ののち、天智天皇の子の大友皇子《おおとものみこ》と大海人皇子は武力衝突し、大海人皇子が大勝利を収めた。これが壬申《じんしん》の乱（六七二）である。

人質となった女人たち

なぜ、大海人皇子と中大兄皇子の確執の経緯を長々と語ったかというと、皇極＝斉明天皇の存在意義を、明確にしたかったからである。

皇極天皇が即位したために、「王」にすぎなかった「漢＝大海人」は「皇子（天皇の子）」になった。皇極天皇は蘇我本宗家が滅亡すると、孝徳天皇に皇位を譲り、これで、有力な皇位継承候補になったのは、大海人皇子と、孝徳の子の有間皇子《ありまのみこ》となる。やはりここでも、中大兄皇子は疎外された存在で、ヘソを曲げる理由がここにある。斉明即位後、有間皇子は中大兄皇子の陰謀にはまって殺される。

ではなぜ、中大兄皇子は孝徳天皇を難波長柄豊碕宮に置き去りにし、母を重祚《ちょうそ》させたのだろう。

簡単なことだ。母（斉明）が亡くなったあと、子である自分が皇位を継承するためだ。この場合、母の意志がどこにあったのかを考える必要はない。斉明（皇極）天皇は孝徳天皇に皇位を譲り、蘇我の改革路線を委ねたのだから、中大兄皇子の行動を認めたくはなかっただろう。けれども、中大兄皇子は母を「蘇我系豪族」や「親蘇我派」ら「改革派」から引き離し、人質に取ったのである。だからこそ、朝鮮半島遠征に、多くの女人たちを連れて行かざるを得なかったのである。本来ならばお荷物だったから、博多湾という最前線基地ではなく、朝倉橘広庭宮に幽閉したのだろう。

九州の地理感覚に疎《うと》い方が多いだろうから、付け加えておくが、宮のあった場所、福岡県朝倉市（旧朝倉町域）は、博多駅から鹿児島本線に乗って、久留米《くるめ》で乗り換え、久大《きゅうだい》本線で日田《ひた》方面に向かい、筑後川《ちくごがわ》を上流に遡った場所にある。すっかり内陸部なのだ。このような場所にいるのなら、わざわざ都から出向いてくる必要はなかった。しかもこの宮で斉明天皇は崩御するのだから、体はすでに弱っていたのだろう。それにもかかわらず中大兄皇子が連れ回したのは、斉明天皇という「駒」「人質」を、ヤマトに居残っていたであろう「改革派」から隔離するためであろう。

念のために記しておくが、通説はこの遠征に大海人皇子が参加しているというが、『日本書紀』に、そのようなことは一言も書かれていない。おそらく大海人皇子は、中大兄皇子の百済救援に反発し、改革派と共に、畿内に留まり、反発の気炎を上げていたのだろう。

ではなぜ、通説は「大海人皇子は遠征に参加していた」と、決めつけるのだろう。のちに皇太弟になる人物が、中大兄皇子の一大事に協力しなかったはずはない、という思い込みと、大海人皇子の妃らが同行しているため、「当然、大海人皇子もそこにいた」と信じてしまっているのだ。しかし彼女たちは、斉明天皇とともに人質になったとしか考えられないのである。

光明子は県犬養三千代の娘

すでに触れたように、観世音寺が建立されるまで、斉明天皇の崩御から八十余年を要している。なぜ、斉明天皇は捨て置かれたのか。そしてなぜ、聖武天皇の時代、突然、斉明天皇が思い出されたのだろう。

斉明崩御の直後、日本は白村江の敗戦によって、滅亡の恐怖を味わった。そして、壬申の乱が勃発していたから、大混乱のなか、いつの間にやら斉明天皇は忘れ去られてしまったのだろう。しかし、聖武天皇を取りまく女人たちが、「ぜひにも斉明天皇の追善を」と、進言したのではなかったか。というのも、藤原不比等の出現後、藤原氏が権力基盤を固める過程で、多くの女人が、権力闘争に利用され、悲惨な思いをしてきたからだ。元明《げんめい》、元正《げんしょう》天皇、県犬養（橘）三千代、光明子である。

彼女たちにとって、斉明天皇の悲劇は、人ごととは思えなかったのだろう。なかでも県犬養三千代と光明子の場合、自分たちの境遇と重ねて見ていたのではあるまいか。斉明天皇の悲劇は、「ふたつの対立する勢力の板挟みになった」ことに起因していて、県犬養三千代と光明子の境遇とよく似ているからである。

そこで、光明子の生涯を見つめ直してみたい。

天平宝字《ほうじ》四年（七六〇）六月七日、光明皇太后は亡くなる。『続日本紀』崩伝には、次のようにある。


光明皇太后の姓は藤原で、中臣鎌足の孫、藤原不比等の娘だ。母は県犬養三千代。皇太后は幼いころから聡明の誉れ高く、聖武の皇太子時代、妃となった。時に年は十六（ちなみに、二人は同い年であった）。多くの人々に接し、喜びを尽くし、あつく仏道《ぶつどう》に帰依し励んだ。聖武天皇即位と共に大夫人《だいぶにん》となり、孝謙天皇と基皇太子を産んだが、皇太子は数え二歳で夭逝《ようせい》。天平元年に皇后となった。太后の人となりは、慈しみ深く、よく恵み、人々を救うことを志した。東大寺と国分寺を創建したのは、そもそも太后が聖武天皇に勧めたものであった。また、悲田《ひでん》・施薬《せやく》の両院を設立し、飢えた人、病んだ人を救った。娘の孝謙天皇が即位すると、皇后宮職《こうごうぐうしき》を紫微《しび》中台《ちゅうだい》と改め、勲賢《くんけん》（実力者）を選び出し、官人《かんじん》として列した。春秋《しゅんじゅう》（享年）六十。


よく知られた光明子の一生が、ここに語られている。

通説は光明子を、「藤原氏隆盛のために尽力した女性」と決めつけて、もっと違う角度から、この不思議な女人を見つめようとはしない。しかし、ひとたび光明子の謎に気づくと、この女人の本心はいったいどこにあったのか、大いに迷うはずなのである。

改めて述べるまでもなく、光明子は藤原不比等の娘で、十六歳で聖武天皇と結ばれている。聖武天皇の母は光明子の姉の宮子で、藤原不比等は、聖武天皇を藤原の女人でガードしようと考えたのだろう。当然、誰もが、「光明子は藤原のための女性」と信じて疑わないのである。

しかし、ここに大きな見落としがあった。それは何かといえば、「光明子は県犬養三千代の娘」、という事実だ。そして、母親が藤原不比等を密かに恨んでいた可能性が高いこと、その気持ちを、娘の光明子が察し、同情していたと思われることである。

つまり、ここがもっとも大切なことなのだが、光明子は「藤原不比等の娘」である以上に、「県犬養三千代の娘」だったのである。ここに、東大寺の真実を巡るヒントが隠されていたのである。

これが何を意味するのか、順番に説明していこう。

さて、聖武天皇は藤原四兄弟の死後、謎の関東行幸を敢行している。そして、このころから、藤原氏とことごとく対立していく。「藤原の子」が、「反藤原派」に転向してしまったかのようだ。

転機はあったのだろうか。それは、ただ単に、長屋王の祟りに怯えたからなのだろうか。

そうではなく、はっきりとしたきっかけがあったように思う。しかも、お膳立てしたのは、光明子である。

精神を病んでいた宮子が一瞬で癒された謎

天平九年（七三七）十二月二十七日、『続日本紀』には、奇怪な記事が載る。

是《こ》の日、皇太夫人《くわうたいぶにん》藤原氏《ふぢはらうぢ》、皇后宮《くわうごうぐう》に就《つ》きて、僧正玄昉法師《ぐゑんばうほふし》を見る。天皇《すめらみこと》も亦《また》、皇后宮に幸《みゆき》したまふ。

この日、聖武天皇の母・宮子は皇后宮（光明子の邸宅。藤原不比等から譲り受けた）で僧正玄昉と会った。天皇もまた、皇后宮に赴いた……。つまり、光明子の住まいで姉の宮子が玄昉に会って、そこに聖武天皇がやってきたという。正史に載せる必要もない、日常の記事に思える。

ところがここに、いくつかの問題が隠されている。まずこの年の四月から八月にかけて、藤原四兄弟が全滅し、その直後、玄昉が僧正に登りつめていた。そして九月、橘諸兄が大納言に昇進した。権力を独占していた藤原氏が凋落《ちょうらく》し、反藤原派が台頭していた時期なのである。

そして先ほどの記事の次の一節に、驚くべきことが書かれている。宮子は聖武が産まれてから幽憂《ゆうゆう》に沈み、久しく普通の言動ができなかった（精神を患っていたということだろう）ので、親子は会っていなかった。宮子は幽閉されていたのである。

ところが、玄昉がひとたび看病してみると、慧然《けいぜん》として開晤《かいご》した（正気になった）。そこで、たまたま訪れていた聖武天皇と面会した、という。三十数年ぶりの再会である。

仏僧には医者の側面もあったから、玄昉が心の病に立ち向かったということになるが、三十数年間治らなかった病気が、一瞬で、「慧然と」、奇跡的に治ったという。だがこれは本当だろうか。

この日、たまたま聖武天皇が訪問していたという記事も気になる。宮子が幽閉されていたのは光明子の館で、光明子が聖武を招き、また一方で、玄昉を呼んでいたのだろう。このタイミングから考えて、演出したのは光明子である。

疑うべきは、「最初から宮子の精神は正常だったのではないか」ということである。

三十数年間治らなかった病気を、法力《ほうりき》で一瞬で治せたという話を信じることはできない。もちろん、表向きは、僧正の験力《げんりき》が勝ったということにしなければならなかったのだろう。しかし、玄昉はただ一言、

「もう、藤原の世は終わりましたぞ」

と告げただけではあるまいか。

宮子には葛城《かつらぎ》の賀茂《かも》氏の血が流れている。賀茂氏の祖は神話の出雲神・大物主神《おおものぬしのかみ》で、由緒正しく、ヤマトの歴史と深くかかわってきた氏族であった。天皇家も大物主神を無視できず、ヤマト最大の聖地三輪山《みわやま》は、大物主神の祀られる山であった。

ちなみに、蘇我氏も出雲と強く結ばれていた。蘇我氏の本拠地・飛鳥は出雲神の密集地帯だった。

また、藤原不比等が編纂に関与した『日本書紀』は、出雲神を王家の敵として描いているから、出雲系の賀茂氏は、決して親藤原派というわけではなかった。

そんな賀茂系の女人をなぜ藤原不比等が娶《めと》り、宮子が産まれたのか、その宮子がなぜ、文武《もんむ》天皇の妃になったのか、記録が残らぬため、詳細はわからない。けれども、藤原不比等待望の男子を産み落とした時点で、宮子の役目は終わった。そして、聖武を「藤原の子」として純粋培養するためには、「賀茂の血を引く宮子」は邪魔になったのだろう。宮子が口をすべらせ、「本当のこと」を聖武に告げてしまうことが、も

っとも恐ろしかったのではなかろうか。それでなくとも、葛城の地は伝統的に反骨精神に満ちた土地柄だった。宮子の「葛城の血が騒ぐ」ことも、想定しておく必要がある。

藤原不比等はヤマトの歴史を書き換え、「藤原の正義」を証明するための物語を構築した。その集大成が『日本書紀』だ。この正統性の証明がなければ、聖武は「藤原の子」として育ってくれない。むしろ、藤原氏に反発するだろう。

聖武の曾祖父は天武天皇で、蘇我氏の改革事業を継承していた。かたや中臣鎌足は蘇我氏の改革事業を邪魔立てし、藤原不比等は蘇我氏の改革の手柄を横取りし、しかも『日本書紀』の中で蘇我氏を大悪人に仕立て上げてしまったのである。

もし宮子の口から、「藤原不比等と藤原氏の正体」が漏れ伝われば、聖武は復讐をするであろう……。事実、聖武天皇はのちに「聖徳太子の生まれ変わり」と語られるほど、仏教興隆に力を注いだ。それは、「蘇我的なものへの憧れ」が聖武に芽生えたからだろう。だからこそ、先を読んだ藤原不比等は、「娘を幽閉する」という決断に至ったのであろう。

しかし、これらの策は、みな裏目に出たようだ。姉・宮子の悲劇の一部始終を見聞きしていた光明子は、藤原不比等が亡くなり、藤原氏が権力の座から滑り落ちたこの機に乗じて、宮子を解き放ったのだろう。

もちろん、天変地異が相次ぎ、長屋王の祟りが恐れられ、光明子自身が呵責《かしゃく》の念に囚《とら》われていたということもあるだろう。けれども、もうひとつ別の要因が隠されていたように思えてならない。それが、県犬養三千代である。

県犬養三千代と美努王《みののおおきみ》

聖武天皇は母宮子と再会して、「藤原の仕打ち」を恨んだだろう。こののち、聖武天皇が曾祖父の壬申の乱の足跡を辿り関東行幸に向かう理由も、これではっきりとする。聖武天皇は母と再会し、藤原不比等の手口に辟易《へきえき》し、「藤原の子」から「天武の子」に生まれ変わったのである。

その一方でわからないのは、光明子の態度だ。なぜ光明子が、藤原不比等の野望を根底から覆すような行動をとったのだろう。

ここに、母・県犬養（橘）三千代と交わした、女の密約を疑ってみたくなるのである。

県犬養三千代は歴史の黒子役であった。けれども、しだいに、この女人の活躍が、注目されるようになってきた。藤原不比等のよきパートナーとして、「時代を動かし、駆け抜けた女人」と、見直されてきているのである。

県犬養氏の祖は神魂命《かみむすびのみこと》（神皇産霊尊《かみむすひのみこと》）で、本貫《ほんかん》は河内国茅渟県《かわちのくにちぬのあがた》（のちの和泉国《いずみのくに》）と、河内国古市郡《ふるいちのこおり》のどちらかと考えられている。また、神魂命は生成の霊力を持ち、神話の天地開闢《てんちかいびゃく》に登場するが、正体は定かではない。女神の可能性があり、出雲ともつながっているが、県犬養氏とどのようにつながるのかがわからない。

県犬養氏の氏名《うじな》に「犬」がつくのは、皇室や屯倉《みやけ》（王家の直轄領）を守る番犬を養育する犬養部《いぬかいべ》を管理していたからだ。

県犬養氏は最初「連姓《むらじせい》」で、天武天皇の時代に「宿禰姓《すくね》」に改賜された。壬申の乱で県犬養連大伴《あがたいぬかいのむらじおおとも》が、吉野から大海人皇子に従って東国に落ち延びている。いまだ乱の行方が定まらぬなか、数少ない舎人《とねり》のなかのひとりが、県犬養連大伴であった。よほど可愛がられたのだろう、天武即位ののち、県犬養連大伴が病の床に伏せると、天皇みずから見舞いに訪れている。天武天皇の殯《もがり》に際し、県犬養宿禰《すくね》大伴は「宮《みやの》内《うち》の事《こと》」について誄《しのびごと》を奏上《そうじょう》している。宮中で天武の身の回りの世話をしていたと思われる。

県犬養三千代と県犬養連大伴の関係ははっきりとしていない。『新撰姓氏録《しんせんしょうじろく》』や『尊卑分脈《そんぴぶんみゃく》』には、県犬養三千代の父は県犬養宿禰東人《あずまひと》とある。大伴と東人は同時代人で、おそらく兄弟か従兄弟の関係と思われる。県犬養連大伴が天武に寵愛されていたことで、県犬養三千代の出世も可能になったのだろう。県犬養三千代は「氏女《うじめ》」

として、天武朝の後宮《こうきゅう》に出仕していたと考えられている。

ところで、県犬養三千代の最初の夫は美努王（三野王《みののおおきみ》）で、この人物も天武天皇のもとで働いた人物だ。

壬申の乱が勃発し、大海人皇子が東国に逃れたという一報が寄せられ、近江朝は動揺した。そこで大友皇子は、佐伯連男《さえきのむらじおとこ》を筑紫《つくし》（九州）に、樟使主磐手《くすのおみいわて》を吉備国に差し向け、兵を挙げるよう命じさせた。その時、大友皇子は二人に次のように語っている。

「筑紫大宰《つくしのおおみこともち》・栗隈王《くりくまのおおきみ》と吉備国守《きびのくにのかみ》・当摩公広島《たぎまのきみひろしま》の二人は、もとより大海人皇子に付き従ってきた。だから、背くことも考えられる。もし、服従しないのであれば、斬り殺せ」

そして吉備では、当摩公広島が斬り殺された。一方、筑紫では栗隈王が次のように語って断っている。

「筑紫国は元より、周辺から押し寄せる賊に備えております。城を高く、溝を深く、海に向かって防御しているのは、海外《わたのくに》の敵を想定しているからです。もし命令通り軍を起こせば、国の守りがおろそかになります。もし、思わぬ事態が出来《しゅったい》すれば、国は滅びます。そののちに、百回私を殺してみたところで、何の利益がありましょう。これは、決して天皇（大友皇子）の徳に逆らうものではありません。兵を動かさぬのは、こういう理由からです」

この時、栗隈王の脇には、二人の子・三野王（美努王）と武家王《たけいえのおおきみ》が剣を佩《は》いて威嚇《いかく》するように立っていた。そこで佐伯連男は剣を握り進もうとしたが、返り討ちに遭いそうだったので、恐れて空しく引き上げたのである。

話を壬申の乱まで戻したのは、筑紫で親大海人皇子派の栗隈王を守ったのが、県犬養三千代の夫となる美努王だったことを確認しておきたかったからだ。県犬養氏といい、美努王といい、どちらも大海人皇子を守り天武天皇の即位を、待ち望んでいた人々だったのである。

県犬養三千代は腹黒い野心家？

仲睦まじく、天武朝で平穏な日々を過ごしていたであろう美努王と県犬養三千代。しかし、天武天皇崩御ののち、大きな転機が訪れる。きっかけは、持統天皇の即位である。

ところで、通説が天武天皇の政策を持統天皇が継承したと考えるのは、『日本書紀』の記事を疑うことなく鵜呑《うの》みにしているからだ。しかし、何度も言うように、持統天皇と藤原不比等のコンビは、天智天皇と中臣鎌足のコンビの復活であり、持統天皇の即位は静かなクーデターであった。このことは、持統天皇の「天《あま》の香具山《かぐやま》の万葉歌」からも明らかだが、他の拙著の中で述べたことなので、くり返さない。

さて、県犬養三千代夫婦の危機は、持統朝の末期から文武朝の初頭にやってくる。美努王が筑紫大宰率《つくしだざいのそつ》として赴任している間に、県犬養三千代は藤原不比等と結ばれてしまったのだ。こうして生まれた子が、光明子であった。またそれ以前、美努王と県犬養三千代の間に生まれた子が葛城王で、のちに臣籍降下し、反藤原派の頭領・橘諸兄となる。光明子と橘諸兄は、同じ腹から生まれた兄と妹の関係でもあった。

それにしても、なぜ県犬養三千代は藤原不比等のもとに嫁いでしまったのだろう。

これは不思議なことなのだが、女性学者や女性作家は、「県犬養三千代はやり手の女」と言い、あるいは、「とんでもない悪女」と酷評する。あまり評判がよくない。

県犬養三千代が「男の値踏み」をして、藤原不比等を選んだのではないか、とする考えもある。この場合、県犬養三千代は「やり手の女」ということになる。

たとえば義江明子《よしえあきこ》は、美努王に県犬養三千代の期待するような素質はなく、藤原不比等と手を組むことによって、権力中枢に食い込んだと言い、『県犬養橘三千代』（吉川弘文館）の中で、次のように述べる。

三千代は決して、権力者不比等の妻となったことで権勢を振るったのではない。また、皇后・左大臣の母として栄華を極めたのでもない。事実はむしろ逆であって、彼女が宮廷で培った力によって夫不比等の政治基盤を固め、母の勢威を出発点として橘氏と光明皇后の政治的地位も確立されたのである。

これは、彼女の実力もさることながら、時代背景が、貴族豪族女性の活躍を可能にしていたからだ、とする。

作家・杉本苑子《すぎもとそのこ》は、県犬養三千代を辛辣《しんらつ》な言葉で批判する。「ほんとうの悪人」と言い、誠実そうな顔の下に「かくされた奸悪《かんあく》」「肚《はら》ぐろい野心」と、さんざんである(『歴史を彩る女たち』新塔社)。

しかしこれは本当だろうか。何か大きな誤解をしているのではあるまいか。

県犬養三千代の築きあげた後宮の人脈

県犬養三千代は藤原不比等の元で、どのような活躍をしていたのだろう。

残念ながら、『続日本紀』は、県犬養三千代の実際の活躍に見合っただけの記事を残していないように思う。夫の藤原不比等と共に、長い間歴史の陰に隠れていたのは、そのためだ。

『新撰姓氏録』と『尊卑分脈』には、東人の娘で、はじめ敏達《びだつ》天皇の末裔・美努王に嫁ぎ、葛城王（橘諸兄）、佐為王《さいのおおきみ》、牟漏女王《むろのおおきみ》を産み、のちに藤原不比等の室《しつ》となり、光明子を産んだとある。

『続日本紀』の記事を拾い上げてみると、次のようになる。養老元年（七一七）正月、従四位上から従三位に昇進。同五年正月、正三位に叙せられた。その年、元明太上天皇の病気平癒《へいゆ》を願い入道（三位以上の人間が仏道に入ること）し、食封資人《じきふしじん》を辞退したが許されなかった。天平五年（七三三）一月、薨去《こうきょ》。この時、命婦《みょうぶ》の地位にあった。十二月、舎人親王《とねりのみこ》らを館に遣わし、詔を述べて従一位を賜り、食封資人を没収することとなからしめた。同八年十一月、葛城王、佐為王の上表《じょうひょう》に、「母は忠を尽くし和銅元年（七〇八）十一月、大嘗《おおにえ》に供奉《ぐぶ》し、橘宿禰《たちばなのすくね》の姓を賜った。そこでわれわれにも、橘宿禰の姓を賜りたい」と願い出て許されている。橘諸兄は、ここに誕生したのである。

これらの記事からは、県犬養三千代の実績をつかむことはできない。わかってくるのは、忠を尽くし、天皇に寵愛され、出世した、ということだけである。

その一方で、近年の研究で、古代における女性の地位の高さがはっきりとしてくると、県犬養三千代や光明子に注目が集まるようになってきた。特に県犬養三千代の人脈の広さ、重要性が、問題となってきたのだ。奈良時代の政界人脈の扇の要の位置に県犬養三千代が居座っている状態が、浮かび上がってくるからである。

まず、娘の光明子の存在が大きい。首皇子《おびとのみこ》（のちの聖武天皇）に嫁ぎ、基皇子と孝謙（称徳）天皇を産んだ。光明子の兄は橘諸兄で、藤原四兄弟亡き後、政界を牛耳り、聖武天皇を補佐した。

聖武天皇に嫁いだ女人は光明子だけではなく、県犬養広刀自《あがたいぬかいのひろとじ》がいて、安積《あさか》親王を産み落とし、貴重な皇位継承候補となった。県犬養広刀自は、三千代の親族である。

県犬養三千代は、文武天皇、元明天皇、元正天皇とも強い接点がある。

県犬養三千代は天武天皇の時代、すでに後宮で働いていたようだ。草壁皇子《くさかべのみこ》のキサキ・阿閇皇女《あへのひめみこ》（のちの元明天皇）に仕えていたと考えられている。草壁皇子と阿閇皇女の間に生まれたのが、氷高皇女《ひたかのひめみこ》（のちの元正天皇）と軽皇子《かるのみこ》（のちの文武天皇）と吉備内親王《きびのひめみこ》（すでに述べたように、長屋王のキサキ）で、県犬養三千代が出仕したころに産まれ落ちたのが氷高皇女だから、養育にかかわっていた可能性が高い。

県犬養三千代の作り上げた人脈の特徴は、後宮で熟成されたもので、女の園の強い絆が意外な力を発揮していくのである。

たとえば、つづけざまに女帝が生まれた背景に、県犬養三千代の暗躍を想定できるのである。

女帝即位に反発した物部氏

文武天皇崩御ののち、元明と元正二人の女帝がつづけて即位しているが、これは異常な事態だった。なにしろ、生き残っていた天武天皇の子や孫はひとりや二人ではなかったからだ。彼らから即位の芽を摘み取るためにも、また、まだ幼い首皇子が成長するまでの時間稼ぎのためにも、女帝は立てられた。要するに中継ぎであった。

女帝擁立に反発する者も少なくなかったに違いない。梅澤恵美子は『女帝』（ポプラ社）の中で、万葉歌から、左大臣・石上《いそのかみの》（物部《もののべの》）麻呂《まろ》が元明天皇の即位を批判していることがわかると指摘している。それが『万葉集』巻一―七六の歌である。

ますらをの鞆《とも》の音《おと》すなりもののふの大《おほまへつきみ》臣楯立《たて》つらしも

通説はこの歌を、「ますらを＝勇士」「もののふの大臣＝将軍」と解し、「遠くで軍事調練をしているよ」と考える。しかし「もののふの大臣」の原文は「物部乃大臣」で、この時代の左大臣は物部麻呂だった。この歌は和銅元年（七〇八）に歌われていて、大嘗祭のあった年だった。物部氏は大嘗祭に参画することのできる稀《まれ》な豪族で、楯を立てる特権をもっていた。歌の中でも、「物部乃大臣が楯を立てているらしい」とあるから、これは元明天皇が大嘗祭で歌った可能性が高い。

そうなると、不可解なことがある。まず、「物部乃大臣」が楯を立てるのは、当たり前のことなのに、「立てているらしい」と、元明天皇はいう。これに対し姉の御名《みな》部皇女《べのひめみこ》が答えた歌が、七七だ。


わご大君物な思《おも》ほし皇神《すめかみ》のつぎて賜へるわれ無《な》けなくに

ここで姉は妹の大君に、「物な思ほし＝心配なされますな」と、励ましている。元明天皇は何かに怯えていたのだ。そしてそれは、「遠くで楯を立てている物部乃大臣」ということになる。

物部氏は、天皇を守り、もりたてるために、大嘗祭に参画する。ならばなぜ、元明天皇は「物部乃大臣」を恐れたのだろう。

石上麻呂は、現実には元明天皇の即位に反発していた……。だからこそ大嘗祭から閉め出され、遠くの方で抗議のデモンストレーションをしていたのではないか……。そして石上麻呂を冷遇したのは元明の本意ではなく、藤原不比等の差し金だったろう……。これが、梅澤恵美子の考えである。

中国をまねて造られた日本初の本格的都城の藤原京跡。

さらに、『万葉集』巻一―七八の歌は、元明天皇が藤原京《ふじわらきょう》（新益京《あらましのみやこ》）から平城京に遷《うつ》るとき、飛鳥を離れねばならない切なさを表現している。この歌から、藤原不比等の謀略に利用されていた元明天皇であったが、心の奥底では、物部氏らが怒る理由をよく承知し、「よき時代に戻りたい」という、やるせない心が読み取れるのである。

元明天皇も元正天皇も、「自ら進んで皇位についた」とはとても思えない。野望のかけらを微塵《みじん》も感じさせないからである。

やはり、二人の女帝が「即位させられた」最大の目的は、首皇子の成長を待ち、聖武天皇を誕生させることであった。

二人の女帝を即位させ、石川刀子娘貶黜《へんちゅつ》事件を企んだのは、藤原不比等であろう。しかし、「女の園」の後宮を動かすには、藤原不比等では、及ばぬことが多い。そこで、県犬養三千代の暗躍を想定せざるをえなくなってくるのである。

時代の犠牲者だった女人たち

慶雲《けいうん》三年（七〇六）十一月、病の床にあった文武天皇は、阿閇皇女（元明天皇）に、皇位を譲りたいと申し出た。だが、阿閇皇女は拒んだ。文武天皇は翌年の六月に亡くなり、結局阿閇皇女が即位する。改めて述べるまでもなく、阿閇皇女は文武天皇の母であり、息子の死を看取《みと》って即位することは、つらかったであろう。

元明天皇の不運は、夫・草壁皇子と息子に先立たれたことである。その元明天皇に鞭打《むちう》ち、皇位に無理やり昇らせたのが県犬養三千代であるとすれば、確かに「希代《きたい》の悪女」と呼ばれても、仕方のないことかもしれない。けれども、県犬養三千代も元明も元正もみな、斉明天皇と同じように、時代の犠牲者だったのではあるまいか。

白村江の戦いで斉明天皇が自身の意志とは裏腹に遠征軍に同行せざるを得なかったのは、権力闘争にひた走る男たちに利用されていたからであろう。

県犬養三千代は後宮に緊密な人脈を張り巡らせ、智恵と人望によって、多大な影響力をもつに至っていたのだろう。そこに目をつけた藤原不比等が、夫を大宰府に赴任させ、県犬養三千代から引き離し、その隙に、この才媛を手に入れたにちがいない。

もちろん、非合法的な手段によって、男としてもっとも卑怯な手口を使ったのだろう。すなわち、脅迫である。一族への殺意をほのめかしたのではあるまいか。だから県犬養三千代は、夫、息子、彼らの命を守るために、彼らを愛するがゆえに、心を殺して、藤原不比等に仕えたのではなかったか。

権力に固執し手段を選ばない藤原不比等に、県犬養三千代や元明や元正は、「恐怖心」を覚えていたであろう。藤原不比等の行動に、「狂気」すら感じていたのではなかったか。だから、どの女人も、本心ではないが、藤原不比等に従ったフリをしていたのではなかったか。もちろん、心の葛藤は、激しかっただろう。

県犬養三千代の晩年は、「懺悔《さんげ》と悔悟《かいご》の日々」であったように思う。県犬養三千代は天平五年(七三三)に亡くなる。長屋王一族の悲劇を目の当たりにして、藤原一族の残忍性に改めて震え上がり、さらに、藤原氏の権力奪取のための闘争に手を貸してきたことに、改めておののいたに違いないのである。

法隆寺とつながる県犬養三千代

最晩年の県犬養三千代は、なぜか法隆寺と強くかかわりをもつようになった。

たとえば、法隆寺西円堂《さいえんどう》は、橘 夫人《たちばなぶにん》（県犬養三千代）の病気平癒を祈って造られたといい、あるいは橘夫人が造ったともいう。

法隆寺大宝蔵院《だいほうぞういん》にはふたつの国宝厨子《ずし》が安置されている。ひとつは有名な玉虫厨子《たまむしのずし》で、もうひとつが、つい見落としがちな橘夫人厨子だ。ふたつの厨子は、平安時代半ばごろ、金堂《こんどう》の須弥壇《しゅみだん》後方の東西に安置されるようになっていた。

橘夫人厨子の中には、県犬養三千代の念持仏《ねんじぶつ》（身近において拝む仏）阿弥陀三尊像《あみださんぞんぞう》が収まっている。『法隆寺伽藍縁起《がらんえんぎ》 并《ならびに》 流記《るき》資財帳』の記事から、この厨子は天平十九年（七四七）には、法隆寺に安置されていたことがわかっている。したがって、県犬養三千代最晩年には、すでにこの厨子が法隆寺に納められていたのではないかと考えられている。

法隆寺の東隣に中 宮寺《ちゅうぐうじ》があって、ここも県犬養三千代とかすかな接点がある。中宮寺には天寿国 繡 帳《てんじゅこくしゅうちょう》が残されるが、その縫い込まれた文字のなかに、聖徳太子の死を嘆く太子の后・多至波奈大女郎《たちばなのおおいらつめ》が登場する。ところが、この女人の正体がよくわか

聖徳太子の斑鳩宮跡に建てられた東院伽藍内にある夢殿。

らない。他の文書のなかに、それらしき人物が見あたらないのだ。

大山誠一《おおやませいいち》は、多至波奈大女郎は架空の人物で、光明子が母の姿を通して、聖徳太子への思慕の念を表現し、聖徳太子信仰の仕上げに、この天寿国繍帳を寄進したのではないか、という（『〈聖徳太子〉の誕生』吉川弘文館）。

この考えが説得力をもつのは、県犬養三千代も光明子も、なぜか法隆寺に強いつながりを求めていたからである。

東院《とういん》伽藍・夢殿《ゆめどの》といえば、聖徳太子等身像・救世観音《ぐぜかんのん》を祀るお堂として知られるが、ここを建立したのも、光明子である。

梅原猛《うめはらたけし》は、藤原氏に危機的状況が起きるたびに、藤原氏や光明子らは、法隆寺に多大な寄進を行っていたといい、その理由を、七世紀の山背大兄王《やましろのおおえのみこ》滅亡事件に求める。

聖徳太子の子の山背大兄王を滅ぼしたのは蘇我入鹿だったと『日本書紀』は記録するが、黒幕として蘇我入鹿を操っていたのは中臣鎌足で、だからのちの藤原氏は、危機的状況を打開するために、ことあるたびに、法隆寺を祀ったというのである。

しかし、山背大兄王は実在しなかったという私見からは、梅原説に従うことはできない（拙著『蘇我氏の正体』新潮文庫）。藤原氏と法隆寺の関係がもっとも強まるのは天平時代で、それはなぜかといえば、長屋王の祟りが恐ろしかったからだろう。天武天皇も長屋王も蘇我系とみなされ、長屋王の妃・吉備内親王《きびのひめみこ》も蘇我の血を引いていたのだから、長屋王一族は、法隆寺に祀られ、鎮魂されていたということであろう。

もちろん、「長屋王は蘇我系」「長屋王は祟る」「悪かったのは藤原氏」と触れ回ることは御法度《ごはっと》だったろうから、長屋王が法隆寺に祀られていることは、世間一般には知られていなかったし、極秘にされていたのだろう。

いずれにせよ、七世紀半ば以来、藤原氏は蘇我氏や蘇我系豪族を血祭りに上げることで、権力を手中にすることができた。だから、蘇我氏のシンボル的寺院で、祟り神を封じ込めてきたのである。

阿弥陀三尊像の無垢《むく》な願い

注目すべきは、橘夫人厨子の中でかしこまっている阿弥陀三尊像である。

これは不思議なことなのだが、すでに触れたように、仏像の出来映えを左右するのは、施主の心だ。施主が真心を込めようと願えば、美しく、輝きをもつ仏像が生まれ、権力と金にものを言わせて造らせた仏像は、驕《おご》りを感じる。これは顕著な形で現れるものなのだ。おそらく、施主に接する仏師や工人たちが、敏感に熱意や人柄を感じとってしまうのだろう。大金を積まれなくとも、人の心を揺さぶれば、よい仏像は造れる。祈りは形になって現れるのである。

その点、橘夫人厨子に鎮《しず》まる阿弥陀三尊像には、「無垢な願い」を感じる。工芸品として超一級だが、仏像の輝きという点で、群を抜いている。ほとんど知られていないことの方が、どうかしている。

県犬養三千代が、後宮を牛耳り、裏から政界を動かしてきた「腹黒い女」「権力の亡者」だとしたら、これだけ清らかな仏像を造ることが、できただろうか。

そのような個人的な直感など、何の役にも立たないと学者は言うだろう。しかし、技術的には進歩していたはずの平安時代の仏教美術が、飛鳥時代、奈良時代の仏像群

中尊寺は嘉祥三年（八五〇）、慈覚大師によって開山された。

にかなわないのはなぜだろう。平安時代を支配した藤原氏が驕ったために、仏教美術も堕落したのではなかったか。

平安仏教美術でもっとも輝いているのは、中尊寺《ちゅうそんじ》（岩手県西磐井《にしいわい》郡平泉町《ひらいずみちょう》）である。都の仏師や工人を招いて造られたのだから、京都の亜流と思われがちだが、大きな誤解である。

なぜ中尊寺が美しいのかといえば、奥州《おうしゅう》藤原氏が、この世の極楽を平泉の地に建設しようと考え、尊卑にかかわりなく、仏の道へと誘《いざな》ったからである。

かたや平安貴族は、末法の世を恐れ、「せめて自分だけは極楽浄土に迎えられたい」と、寺院を造り、仏像を造った。都の仏師や工人は、施主の傲慢で身勝手な要求に、

「金のためなら」と、応じていたのだろう。だが、奥州に赴き、「本気で民を救おうとしている人々」の存在を知り、俄然やる気を起こしたのに違いないのである。

だから、橘夫人厨子と阿弥陀三尊像の清廉《せいれん》さを、無視することはできない。それに、状況証拠は県犬養三千代の「懺悔と祈り」を証明しているように思えてならない。

県犬養三千代の正体を知っていた葛城王と光明子

県犬養三千代の立場を理解していたのは、息子の橘諸兄と娘の光明子であったように思う。

すでに触れたように、葛城王が臣籍降下して橘諸兄になったのだが、「橘」の姓は、もともと元明天皇が県犬養三千代に下賜したものだ。「橘」の姓は、元明天皇と県犬養三千代の親密な関係を象徴している。

かたや息子の葛城王は、「母が橘三千代だから、私も橘姓にしたい」と述べ、許されている。

もし葛城王が、「父を捨てた女」「藤原の犬になり果てた母」を憎んでいれば、橘姓を継承しただろうか。橘諸兄は、母の本心を知っていたからこそ、母を慕ったのではなかったか。県犬養三千代が子や夫の命を守るために、自らを犠牲にして、藤原不比等のいいなりになったことに、息子は気付いていたのだろう。

中臣鎌足や藤原不比等が歴史に登場して以来、多くの皇族や豪族が、非業《ひごう》の死をとげるようになった。藤原氏は、権力を握るためには手段を選ばなかった。犠牲になった者は、蘇我入鹿を筆頭に、蘇我倉山田石川麻呂、有間皇子、大津皇子《おおつのみこ》と、枚挙に遑《いとま》がない。当然、県犬養三千代も、藤原不比等の強暴な性格を熟知していただろう。

では、光明子の場合はどうだろう。

光明子といえば、「藤原の女」のイメージが強い。「楽毅論」の署名「藤三娘《とうのさんじょう》」が有名で、「藤原の娘」であることを強烈にアピールしている。光明子は、正真正銘の藤原不比等の娘であった。

線の細い聖武天皇を、藤原の女として光明子が支え、操縦していたとも考えられている。

聖武天皇が娘・孝謙天皇に譲位してからあと、藤原仲麻呂（恵美押勝《えみのおしかつ》）と手を組み、藤原氏復権に尽力している。どこからどう見ても、光明子は「藤原の女」なのである。

ところが、ふとした瞬間、光明子は意外な側面を見せることがある。

たとえば、時代は下るが、八世紀半ばの橘奈良麻呂《たちばなのならまろ》の変で、光明皇太后（光明子）は、奇妙な行動に出ている。

このころ、橘諸兄を中心とする反藤原派は次第に力を失い、藤原仲麻呂が急速に力をつけていた。次章で再び触れるが、藤原仲麻呂は光明皇太后の虎の威を借り、紫微《しび》中台《ちゅうだい》という役所を活用し、次第に独裁権力を握りつつあったのだ。

そして、聖武天皇の遺詔《いしょう》によって皇太子に指名されていた道祖王《ふなどのおおきみ》が廃太子され、藤原仲麻呂の館で飼い慣らされていた大炊王《おおいのおおきみ》（のちの淳仁《じゅんにん》天皇）が立太子した。藤原仲麻呂は、いよいよ好き勝手をはじめたのだ。

藤原仲麻呂と反藤原派は、一触即発の事態に陥り、いよいよ緊張は高まった。天平宝字元年（七五七）五月、藤原仲麻呂は無理やり紫微内相《しびないしょう》という地位を獲得し、朝廷の軍事力をすべて掌握した。橘奈良麻呂らの動きに対抗するためと思われる。橘諸兄の子・橘奈良麻呂は、大伴宿禰古麻呂《こまろ》らとともに、武力蜂起しようと企てた（朝廷側から見れば、謀反ということになる）。ただし、計画は未遂に終わった。密告があって、橘奈良麻呂が田村宮《たむらのみや》（孝謙天皇の住まい）を包囲しようとしていることや、大伴古麻呂が与《くみ》していることが露見したのだ。

謀反人を解き放った孝謙天皇と光明子

ところがここで、奇怪なことが起きる。

まず七月二日、孝謙天皇は、おおよそ次のように詔している。

「逆心を持つ者がいて、田村宮を包囲しようとしていると、多くの者が報告してくるが、狂い、迷っている者の心を慈しみ、諭し、思いとどまらせたく思う。だから、身に覚えのある者がいれば、人に責められるようなことをしてはならない」

何とも、危機意識の希薄な、悠長な話ではないか。光明皇太后も、次のような詔を発している。

「お前たちは、私の甥同然近しい者たちである。亡き聖武天皇も、皇太后によく仕え、助けるようにと仰せられたではないか。大伴宿禰と佐伯宿禰は、古くから天皇を守り仕えてきたではないか。また大伴宿禰は、私の同族（大伴古慈斐《こしび》は藤原不比等の娘を娶っている）ではないか。みな、心を清め、明るくして、朝廷を支えるように」

要するに、謀反の罪を咎めず、戒めたわけである。

ところが、さらに密告はつづき、この晩、ついに一味は一網打尽に捕らえられてしまう。

翌三日、天皇の命令で首謀者のひとり、小野東人《おののあずまひと》を尋問するが、話をはぐらかされて、真相を聞き出すことはできなかった。すると夕方、首謀者を前に、皇太后の詔が述べられた。

「謀反を企てていると、密告があった。だが汝らは私の親族に近い者だから、私を恨むようなことがあるとは思えない。朝廷から高い位を授かっているのに、どのような不満があるというのか。このような企みは、あるはずがない。だから、罪は許す。この先、二度と騒ぎを起こさないように」

詔が読みあげられると、首謀者は、釈放された。みな、深々と頭を下げ、光明皇太后に感謝した。

けれどもこののち、再び彼らは捕らえられ、多くは殺され、流罪に処せられ、反藤原派は壊滅する。これが橘奈良麻呂の変である。

藤原仲麻呂は、はじめから反藤原派を潰しにかかる腹づもりであった。最終的には、首謀者たちは拷問によって命を奪われ、多くの人間が死罪や流刑の憂き目に遭わされた。それも数百人単位だから、血の粛清と言っても過言ではなかった。反藤原派は、朝堂から抹殺されたのである。

ところが、孝謙天皇も光明皇太后も、煮え切らなかった。「みな近しい人々だから、そのようなことをするはずがない」といって、せっかく捕まえた首謀者たちを放免してしまうのである。

ここに、光明子の本心が、顔を覗かせているように思えてならない。

藤原氏の残虐性を物語る事件

橘奈良麻呂の変の詔を見るにつけ、光明皇太后が単純な権力者ではなかったことを、思い知らされる。権力の座に固執するならば、謀反人たちを、何度も許すはずがないからである。

母親の県犬養三千代は、藤原不比等に奪われたあと、いいなりにならざるを得なかったのだろう。光明子と藤原仲麻呂の関係も、似たところがある。

聖武天皇は在位中、県犬養広刀自との間の子・安積親王を失っている。事情は複雑なのだが、通説も「藤原仲麻呂による暗殺の可能性が高い」と見ている。安積親王は聖武天皇の唯一生き残った男子で、藤原の血を引いていなかったから、藤原仲麻呂は、即位されるまえに抹殺したのだろう。

藤原氏とは、そういう一族なのである。同族だからこそ、光明子も、その手口を熟知していた。だから、光明子は聖武天皇の命を守るために、「藤原の女」であることを演じきったに違いないのである。

再び時間は七世紀半ばに遡る。藤原氏の残虐性を物語る事件である。『日本書紀』によれば、乙巳の変の蘇我入鹿暗殺の直前、中大兄皇子と中臣鎌足は、クーデターを成功させるために、蘇我氏の親族から裏切り者を見つけ出そうと考えた。そして蘇我倉山田石川麻呂に白羽の矢が立てられたのだった。蘇我倉山田石川麻呂の娘を中大兄皇子が娶《めと》り、その上で、暗殺計画を打ち明けよう、というのである。

ところが、蘇我倉山田石川麻呂の娘は、中大兄皇子と結ばれる直前、別の男に奪い去られてしまう。そこで、やはり娘の遠智娘《おちのいらつめ》が、「私が代わりに嫁ぎます」と言い、嫁いだという。

しかし、この『日本書紀』の記事は信用できない。乙巳の変ののち蘇我倉山田石川麻呂は親蘇我派の孝徳天皇のもとで右大臣に抜擢される。ところが蘇我倉山田石川麻呂は、中大兄皇子の陰謀にひっかかって殺されてしまうのだ。この時、遠智娘は父親が「塩《しお》」の名の男に切り刻まれたことを聞き、塩を舐めることもできなくなって精神を患い亡くなったと『日本書紀』はいうが、真実は異なると、筆者は見る。

蘇我倉山田石川麻呂の首は塩漬けにされ、遠智娘のまえに置かれたのだろう。そして、「塩漬けの首」の手法を中大兄皇子に教え、そそのかしたのが、藤原不比等の父・中臣鎌足である。

女性たちの復讐

光明子は、藤原氏の残忍さを熟知していた。だからこそ、母の行動の意味もよくわかったし、自身も、愛する者たちを守るために、「藤原の女」であることを前面に打ち出し、仮面を被り通したのではなかったか。

光明子だけではない。県犬養三千代、元明天皇、元正天皇といった女人たちは、男の論理とはまったく別の思考で生きていたように思えてならない。天皇と太政官を中心とする政治の世界とは別の、「後宮」を中心とする世界観である。

女性は、自分のお腹の中に子を宿し、産み落とす。女性にとって「血のつながり」は、観念的なものではなく、「じかにつながっている彼我《ひが》」なのである。

そして女性は、血のつながっている者を命がけで守っていくものである。

翻って、元明天皇から続く女帝と後宮の暗躍を見つめ直せば、草壁皇子↓文武天皇↓聖武天皇のラインこそ、女人たちを結びつけ束《たば》ねあげる血のつながりであったことがわかる。

元明天皇にとって、文武天皇は「腹を痛めて産んだ子」だ。また県犬養三千代は、軽皇子時代の乳母《めのと》だったのではないかと考えられていて、二人は血はつながっていないが、擬似的な母と子であり、乳母は時に実の母よりも強い絆を生むことがある。とすれば、県犬養三千代にとって、聖武は孫のような存在で、聖武天皇に嫁いだ光明子は娘だ。この系譜は、まさに家族である。

この女性の結束を、藤原不比等は利用したが、だからといって、彼女たちが藤原不比等のいいなりになったわけではない。したたかに、ただ家族を守るために行動し、利用されることを堪え忍んだのだろう。結局、文武、聖武を藤原の魔の手から守ることが、彼女たちの最大の目的となったのではあるまいか。

そして少なくとも、文武や聖武を守るという点に関してだけは、藤原氏と利害は一致していたのだ。だから、彼女らの動きは、藤原氏のいいなりのように見えて、密かに異なる思惑を抱きつづけたというのが、本当のところだろう。

しかし一方で、後宮の女人たちは、藤原の権力奪取の片棒を担がざるを得なかった運命を呪い、長屋王一族の祟りに震え上がったのだろう。女人たちは、ひたすら法隆寺を祀り、謝り、祈り、鎮魂をくり返したのである。

そして藤原四兄弟が全滅した時、光明子は館に幽閉されていた宮子を解放し、聖武天皇に「真実の歴史」を教えたのだろう。

これは、女の復讐である。利用され、虐げられてきた女人たちの復讐にほかなるまい。

そして、これら女たちの執念と東大寺が、まったく無関係であるはずがなかった。
いよいよ第五章で、東大寺の真実を明らかにしてしまおうと思う。

第五章　東大寺の暗号

三月堂では旧暦三月に法華会が行われる。

正倉院の宝物は慰《なぐさ》みもの？

なぜ東大寺は建てられたのか。なぜ巨大なのか。なぜ、東大寺は美しいのか。これらの謎を解くために、ずいぶんと遠回りをしてしまった。

謎を解く鍵は、「女の園＝後宮《こうきゅう》」と「正倉院」ではなかろうか。

すでに、後宮の話はしてある。藤原不比等や藤原四兄弟、藤原仲麻呂（恵美押勝《えみのおしかつ》）が固執した権力者の座。これに対して後宮の人々は、親族の幸せを願い、親族の安全を願いつづけた。

彼女たちが育て守ろうとしたシンボル的存在は、文武《もんむ》天皇や聖武天皇で、この「二人の種を絶やさない」という唯一の共通の利害があったから、後宮の女人たちは、藤原の横暴に、不本意ながら従ったのだろう。

しかし、彼女たちの鬱積《うっせき》した気持ちは、やがて「宮子《みやこ》を解放する」という手段で、爆発させたに違いない。これは、藤原に対するささやかな、「女の乱」であった。

もちろん、この事件によって、聖武天皇は生まれ変わり、藤原氏と戦っていくようになったのだから、歴史的には大きな転換期となった（『続日本紀』には、そのようなことはまったく記されていないが）。

そして、光明子にとっての最後の賭けは、正倉院だったように思えてならない。

正倉院の宝物は、世界の至宝と言っても過言ではない。どれもこれも、細工の技、卓越したセンス、輝きを失わない造形に満ちている。ため息しか出てこないのである。

なぜ正倉院に、宝物は集められたのだろう……。そして、「なぜ古代の天皇家に、これだけの贅沢《ぜいたく》ができたのか」という謎に行き着くのである。

もちろん、進歩的な発想からいえば、「庶民が苦しんでいる時代に、王家だけがよい思いをしていた」とか、「天皇権力の横暴」ということになろうか。しかし、世の中そんなに単純ではない。

穿《うが》った見方をすれば、正倉院宝物は、子供に与えるおもちゃのようなものではなかったか。すなわち、次から次と、目も眩《くら》むばかりの財宝を与えることで、天皇を傀儡《かいらい》にしつづけるという魂胆ではなかったか。

すなわち、これらは、藤原氏が贅をこらして工人に造らせ、天皇に与えた慰みものなのではないかと思えてくるのである。

そういえば、よく似た話がある。それが『竹取物語《たけとりものがたり》』である。

王家に宝物を貢ぎ続けた藤原氏

かぐや姫は求婚してくる貴公子たちに、無理難題を押しつけ、財宝や貴重な品物をもってこさせる。もちろん結婚をあきらめさせるために難題を与えるのだ。藤原不比等をモデルにしたと思われる「くらもちの皇子《みこ》」には、東海の蓬萊山《ほうらいさん》にある「白銀《しろがね》を根とし、黄金《こがね》を茎《くき》とし、白い玉を実とする木の一枝」を所望したのだった。

すると「くらもちの皇子」は、かぐや姫の家に、「今から玉の枝をとりに行ってまいります」と使いを送り、都を出発し、難波《なにわ》（大阪）に向かったのだった。そして、「内緒に行く」と言って、そば近くに仕える者だけを従えて、船を漕ぎ出した。筑紫に行ったように見せかけておいて、三日ほどで難波に戻り、鍛冶《かじ》工人たちを集め、秘密の小屋を造り、籠《こ》もって玉の枝を造らせた。そして、船に乗り、難波に戻ってきたように見せかけて、長旅に疲れたように、かぐや姫の邸にやってきたのだった。

玉の枝の美しさに驚いた竹取の翁《おきな》（かぐや姫の養父）は、大いに喜び、寝床の支度まではじめてしまう。かぐや姫は、いやでいやでたまらない。

するとそこへ、工人たちが押しかけてきて、

「くらもちの皇子が工賃を払ってくれない」

と言い、かぐや姫に払ってほしいと要求する。かぐや姫は、大いに喜び、賃金を払ったのだった。

くらもちの皇子は恥をかき、そっと館を抜け出すと、工人たちを待ち伏せし、血の出るまで叩き、工賃を取り上げて捨ててしまった。

くらもちの皇子は卑怯な男として描かれているのだが、「工人を雇って、竹取の翁をも感心させる、みごとな宝を造ることができた」という話は、藤原氏の立場を考える上で、無視できないものがある。

藤原氏は、贅をこらした工芸品をせっせと造らせ、あるいは中国や朝鮮半島で手に入れては、王家に貢いでいたのではないかと思えてならない。そして、王家に蓄積されたお宝が、やがて正倉院に集められたのではなかったか。だからこそ、『竹取物語』の作者は、貴公子の中の藤原不比等をモデルにした「くらもちの皇子」には、「工人を雇って宝物を造る」という設定を用意したのではあるまいか。

なぜ、藤原氏は、王家に山のような宝物を用意したのだろう。それは、中央集権国家が完成し、日本各地から集まってきた税が、蓄積され、王家が富み栄えたからだろうか。

平城京の発掘調査が進み、長屋王らの貴族の豪華な暮らしぶりが明らかになってくると、天皇があふれるほどの宝をもっていたからといって、何の不思議もないかもしれない。しかし、千年以上つづく天皇家の歴史のなかで、天平時代の王家が所持していたお宝が正倉院に封印され、しかも、こののち正倉院を越える至宝は、現れなかったのはなぜだろう。安定した時代を築いた平安王朝でも、正倉院を越える至宝を蓄えることはできなかったのである。

ここに、正倉院の謎がある。

いったいなぜ、天平の王家は、天下の至宝を手に入れることができたのだろう。それは、藤原氏が天皇家を自由に動かすために支払った代償だったのではないかと思えてくるのである。

律令と天皇というふたつの絶対

藤原氏は、どのように天皇を利用したのだろう。そして、どのような力を天皇は発揮したのだろうか。

まずここではっきりさせておきたいのは、天皇と律令制度の関係である。

律令制度とは、中国の隋《ずい》や唐《とう》で完成した法体系で、皇帝を頂点にした中央集権国家を構築するために整えられた。けれども日本に導入されると、元々の理念は変質し、天皇権力は骨抜きにされた。いや、されるはずだった。

ヤマト建国以来、大王《おおきみ》（のちの天皇）は祭祀《さいし》に専念する祭司王《さいしおう》で、現実の政治は、豪族の合議が優先された。この伝統が、律令制度にも反映されようとしていたはずなのだ。国政の最高機関・太政官《だいじょうかん》で議決された案件を天皇は追認し、太政官が管理する天皇御璽《ぎょじ》が文書に押印され、正式な通達が完成し、これで行政が動き出す。くどいようだが、太政官の合議で決まった案件を、天皇は「認める」のが仕事であり、原則だったのである。

ただし、律令制度導入の過程では、皇室が独裁的な権力を握った時期もあった。それが、天武天皇の皇親政治《こうしんせいじ》で、律令制度を完成させるまでの暫定的な処置であったことは、すでに述べたとおりだ。

ところが、大宝律令《たいほうりつりょう》（七〇一）が完成し、日本に律令制度が整っても、長屋王に代表される皇親政治体制派が居座ったと考えられている。だがこれは、少し違った視点から見つめ直す必要がある。

象徴的なのは、神亀元年（七二四）二月の、すでに述べた宮子の称号「大夫人《だいぶにん》」を巡る悶着《もんちゃく》である。

ここで長屋王は、「われわれは勅と法のどちらを守ればよいのでしょう」と述べている。天皇の命令＝勅によって「宮子を大夫人と呼ぶように」とお達しがあったが、律令（法）を読み返してみると、「皇太夫人《こうたいぶにん》」と呼ぶべきで、天皇の命令と法律が矛盾する場合、どちらを選択すればよいのか、と問い掛けていたわけである。

逆に言えば、藤原氏はふたつの「正当性」を使い分けていたのである。

藤原不比等は律令制度の整備段階で、法を作る役人になった。だから、律令整備後は、法を解釈する立場にあった。ここに、藤原氏が成長したカラクリが隠されている。

法は、法を書き上げたら、それで終わりではない。法を解釈する必要がある。つまり、人が法を犯した場合、法の網の目にひっかかるのかを判断しなければならない。また、網にひっかかるのなら、どの程度の罪に問われるのか、判断を下さなければならない。藤原氏の強みは、まずここにあった。

天皇権力という禁じ手を使った藤原氏

法を支配した藤原氏は、もうひとつの打出《うちで》の小槌《こづち》を用意した。それが勅（詔）である。

本来は「皇太夫人」と呼ぶべきところ、天皇の命令（勅）によって、「大夫人」にしなければならなくなった。そして長屋王の抗議によって、勅は訂正されたのだった。

先述したように、この騒動、どちらが仕掛けたのか、はっきりとはわからない。けれども、ここで問題にしたいのは、藤原氏が、法の番人であると同時に、「天皇の命令」を、自由に引き出すことができた、という点なのである。

このこともすでに触れたが、養老四年（七二〇）に藤原不比等が亡くなると、翌年、長屋王が順調に出世して右大臣に昇った。左大臣不在だから、朝堂のトップに立ったのだ。ところが元正《げんしょう》天皇は、藤原房前《ふささき》を内臣《うちつおみ》に抜擢して、長屋王を牽制した。内臣という職は、律令の規定にない。けれども、「天皇と同等の権力を与える」と元正天皇は言っている。つまり、法には書いていないが、天皇のお墨付きを与えるから、自由に権力を行使しろ、という。これは、暴挙としかいいようがない。

つまり、藤原氏は禁じ手を使ってしまったのである。本来、律令（法）の規定を破ってはならない。それにもかかわらず、政敵が権力者になったとたん、「法律ではなく天皇の命令に従う」と改まるのであれば、法律は意味を失うのである。

問題はそれだけではない。藤原氏が無茶をしたことで、「天皇」の存在意義は、大きく変質してしまったのだ。むしろこちらの方が、重大な意味をもっている。

藤原氏は、「天皇の命令は、法を凌駕《りょうが》する」という前例を作ってしまった。藤原氏が天皇の外戚となって天皇を支配している間は、この矛盾は、放置されたままだった。藤原氏自身が「歩く法」だったからである。

つまり、藤原氏が「法だけでは政敵を抑えられない」時だけ、「権力を振りかざす天皇」が登場したのだ。ようするに、藤原氏が天皇を操り、藤原氏にとって都合のよい命令を引き出していたわけである。

純粋培養された聖武天皇の反抗

けれども、藤原氏と天皇家が敵対したとき、大問題が出来《しゅったい》した。律令を楯に天皇を包囲しようとする藤原氏と、「天皇権力」によって藤原氏を圧倒しようとするふたつの力が激突したのである。

もっともこの泥仕合、結局「どちらが実力を発揮することができるか」によって勝敗がついた。

具体的には、藤原四兄弟亡きあとの、聖武天皇と藤原仲麻呂（恵美押勝）の暗闘のことだ。

天平十二年（七四〇）、聖武天皇は藤原広嗣《ひろつぐ》の乱に便乗して不穏な動きを見せる藤原仲麻呂を、関東行幸の前騎兵大将軍《さきのきひょうだいしょうぐん》に任命することによって、押さえ込んだ。行幸の護衛にあたらせたのだ。「敵将」を護衛の長に任命したところが味噌で、橘諸兄《たちばなのもろえ》か吉備真備《きびのまきび》あたりの入れ知恵であったかもしれない。

あるいは、聖武天皇の発案に、橘諸兄らが、感心していたのかもしれない。「この帝の力量を、われわれは侮っていたのかもしれない」そう感じさせたことも、考え得る。いずれにせよ、奇策であった。

護衛の長に政敵を任命するのは、危険な賭けに見える。しかし、後騎兵大将軍《あとのきひょうだいしょうぐん》には、紀朝臣麻路《きのあそんまろ》をあてがい、四百の兵士は、漢氏《あやし》らをあてている。漢氏といえば、蘇我本宗家滅亡時、最後まで蘇我蝦夷《えみし》を守ろうとした親蘇我派の豪族で、紀氏《き》も、武内宿禰《たけのうちのすくね》の末裔で、蘇我とは遠い親族である。

前騎兵大将軍・藤原仲麻呂は、背中を槍や矛でせっつかれるようにして、行幸の先頭に立っていたわけだ。強い屈辱さえ味わっていただろう。

そして聖武天皇は、天平十五年（七四三）十月、例の大仏建立の詔を発する。「天下の富と勢い（権威、権力）をもっているのは朕《われ》だ」と高らかに宣言した。これほど小気味よく、「私は金持ちで権力者だ」と発言した人間が、歴史上存在しただろうか。

ところが、この直後、「その富と権力を握っている私が大仏を建立するのは簡単だが、それでは何の意味もない」とつづける。そして、「民の力を結集しようではないか」、と呼びかけるのである。

一見して傲慢に見える詔には、裏があった。それは、藤原不比等の元で、「藤原の子」として純粋培養され、藤原氏のために働き、藤原氏のいいなりになって権力を行使してきた聖武天皇が、藤原氏に対する反発心から、「ぐれた」ということだ。純粋に育った帝の、反抗期である。

藤原氏は、法と天皇を支配することによって、盤石な体制を築きあげた。一役買ったのは聖武天皇であり、何も疑うことなく、藤原氏の言うとおりに行動してきたのだ。しかし、藤原四兄弟が滅亡し、それまでの藤原氏の手口の卑劣さを知り、藤原氏が都合次第で利用してきた「天皇権力」を、逆利用しようと考えたのだろう。

天皇の力は法を超越すると世に示したのは、藤原氏である。この論理は、天武天皇の築いた皇親体制とは、まったく本質を異にしている。

皇親政治は、律令制度が整うまでの暫定的な処置であった。律令制度の準備期間中、独断的に法と人事を断行し、また豪族層の不満を聞き出し、利害を調整するためだ。そして、律令を整備し終えた段階で、天皇は伝統的な祭司王に戻る手はずだったろう。しかし、計算は狂った。律令制度導入後も、藤原氏は天皇権力を活用したのだ。法を支配し、それでも反藤原派を押さえられないときは、天皇権力を持ち出すことによって、ごり押しした。

このように、藤原氏は、天皇権力にまつわる悪しき先例を作り出してしまった。そして聖武天皇は、藤原氏が利用した天皇権力を使い、藤原氏を圧倒していったのである。

藤原仲麻呂は、藤原氏が作り上げてしまった「法を超越する力をもった天皇」と対抗するために、こちらも超法規的手段（ようするに犯罪である）を用いたのだった。それは、天平十六年（七四四）、どさくさに紛れた安積親王《あさかしんのう》殺害であった。また天平十七年（七四五）、甲賀寺《こうがでら》（紫香楽宮に造られた東大寺の前身）建立のころから頻発した、紫香楽宮周辺での山火事も、仲麻呂の仕業であったと考えられる。

こうして聖武天皇は、平城京に戻ってくる。大仏造立もここに頓挫《とんざ》した。藤原仲麻呂の「脅迫と揺さぶり」に、聖武天皇は屈したのである。

紫微《しび》中台《ちゅうだい》という権力維持装置

大仏造営は、やがて平城京の東側で継続されていく。天平勝宝《しょうほう》元年（七四九）夏四月、聖武天皇は建設中の東大寺に行幸し、盧舎那仏像《るしゃなぶつぞう》の前殿に北面し、「三宝《さんぼう》（仏法《ぶっぽう》僧《そう》）の奴《やっこ》（家来）として仕える」と述べた。これは、神道《しんとう》をベースに組み立てられた「藤原の律令制度」に対する最後の抵抗にも見える。そして同年秋七月、聖武天皇は娘に皇位を譲り渡したのだ。独身女帝・孝謙天皇の誕生である。

このあたりから、藤原仲麻呂の暴走ははじまる。

まず、藤原仲麻呂は紫微中台を立ち上げ、ここの長官の座に納まる。紫微中台は、光明皇后の身の回りの世話をする皇后宮職《こうごうぐうしき》を発展させたものだが、大きなカラクリが隠されていた。

　この時、太政官の上層部には、次のような顔ぶれがそろっていた。

左大臣　橘諸兄
右大臣　藤原豊成《とよなり》
大納言　巨勢奈弖麻呂《こせのなでまろ》
　　　　藤原仲麻呂
中納言　石上乙麻呂《いそのかみのおとまろ》
　　　　紀麻呂
　　　　多治比広足《たじひのひろたり》
参議　　石川年足《いしかわのとしたり》
　　　　藤原八束《やつか》
　　　　大伴兄麻呂《おおとものえまろ》
　　　　橘奈良麻呂《たちばなのならまろ》
　　　　藤原清河《きよかわ》

問題は、太政官体制の官人《かんじん》が、兼官《けんかん》となって紫微中台に名を連ねたことである。重要人物は、以下の人々だ。(括弧内は太政官における役職)

令《りょう》(長官)　藤原仲麻呂(大納言・中衛大将《ちゅうえだいしょう》)

大弼《だいひつ》(次官)　大伴兄麻呂(参議)

石川年足(参議・式部卿《しきぶきょう》)

百済王孝忠《くだらのこにきしこうちゅう》

巨勢堺麻呂《こせのさかいまろ》(式部大輔《しきぶだいふ》)

少弼《しょうひつ》　肖奈王福信《しょうなのこにきしふくしん》(中衛少将)

すなわち、太政官の重鎮たちを紫微中台の官人として兼任させ、光明皇太后《こうたいごう》の権威を楯に、「孝謙天皇配下の太政官に対抗するもうひとつの政府」に仕立て上げてしまったのである。

天平宝字《ほうじ》四年(七六〇)六月七日の『続日本紀』光明子崩伝には、この時「勲賢《くんけん》(国家に功のあった者、優秀な者)を選び抜き、並び集めた」とある。人事や賞罰《しょうばつ》を司《つかさど》る「式部省《しきぶしょう》」の長官、次官と、中衛大将、中衛少将ら、武官が兼任していることも重要な意味をもっている。太政官は紫微中台の出現で、大きく力を削ぎ落とされてしまったのである。

太政官と紫微中台の、どちらが本当の権力を握っていたのかといえば、紫微中台だったようだ。

天平宝字八年（七六四）九月、恵美押勝（藤原仲麻呂）の死後の略伝には、次のようにある。すなわち、天平勝宝元年（七四九）、正三位大納言兼紫微令《しびりょう》中衛大将となる。紫微中台を作って大きな政治判断を独断で決めたため、他の実力者や名門氏族たちは、仲麻呂を妬《ねた》んだという。また、宝亀《ほうき》十一年（七八〇）十一月には、勝宝以後、皇族や枝族《しぞく》（分流）たちは、罪に陥る者が多かったと記されている。藤原仲麻呂の恐怖政治がはじまっていたのである。

ここでも藤原仲麻呂は、悪しき先例を作ってしまった。というのも、光明皇太后を天皇なみに厚遇し、天皇と同等の地位に押し上げてしまったからだ。太政官体制では大納言にすぎない藤原仲麻呂が、紫微中台という、太政官と肩を並べる組織を作ることによって、左大臣と同等か、それ以上の発言権を得るに至るのである。

孝謙天皇よりも、母の光明皇太后の方が発言力が強かっただろうから、太政官を仕切る左大臣の橘諸兄は、臍《ほぞ》をかむ思いであったろう。

改めて述べるまでもなく、光明子は皇族の出ではない。藤原不比等の娘で、母親は県犬養三千代《あがたいぬかいのみちよ》である。それにもかかわらず、光明子は「勅」を発している。また天平宝字二年（七五八）八月の孝謙天皇の詔の中に、「皇太后《すめみおや》の朝《みかど》」とあるように、藤原不比等の娘・光明皇太后は天皇と同様に扱われたのだ。

皇族の仲間入りを模索した恵美押勝

藤原仲麻呂は、光明子を「天皇と同等に扱う」ことによって、孝謙天皇の支配下にある太政官を圧倒したのである。

さらに藤原仲麻呂本人が、皇帝になろうとした気配がある。

こののち孝謙天皇は、大炊王《おおいのおおきみ》に譲位する。淳仁天皇の誕生だ。藤原仲麻呂はすでに亡くなっていた長子の妻を大炊王にあてがい、自宅で飼い慣らしていたから、淳仁天皇は藤原仲麻呂の傀儡である。

藤原仲麻呂は淳仁天皇から「恵美押勝」の名をもらい受け、ここからさらに暴走する。

問題は、淳仁天皇に「朕が父《わちち》」と呼ばせ、また淳仁天皇の本当の父親・舎人親王に「皇帝」の尊称を与えさせたことだ。回りくどいやり方だが、恵美押勝は、「淳仁の父が皇帝なのだから、淳仁に父と呼ばれる私は、皇帝と同等の地位」に登ったと、こじつけたのだ。

恵美押勝は数々の方法を用いて、恵美《えみ》家を皇族に仕立て上げようと試みている。

まだ名が藤原仲麻呂だったころ、石津王《いわつのおおきみ》（正確な系譜は定かではない）が「藤原朝臣」の姓を下賜され、恵美押勝の子になっている。臣籍降下という例はあっても、臣下の者が皇族を養子にするのは、異例中の異例である。あとから考えれば、これも「藤原氏が皇族に化ける下準備」だったのではないかと思えてくる。

また淳仁天皇は、聖武、光明子、孝謙へ尊号を奉呈《ほうてい》し、同時に藤原仲麻呂へ「恵美」の姓や「尚舅《しょうきゅう》」の字《あざな》を与えたのだった。これらも尊号と同じ意味をもち、恵美押勝が皇族と同じ扱いを受けていたことがわかる。

恵美押勝は子供たちに、親王に与えられる位階である「三品《さんぽん》」を下賜させた。

恵美押勝は「恵美家」だけで、朝廷の中枢を独占したから、他の藤原氏でさえ、辟易《へきえき》した。恵美押勝は貨幣を鋳造する特権を獲得し、勝手に金を作ったからインフレが起き、恵美家だけが栄える世が出来《しゅったい》したのだった。

恵美家印の使用も認められた。私印だが、公的な意味をもったようだ。官印の代用になったと思われる。

淳仁天皇はお飾りで、恵美押勝本人が独裁権力を握ったのだから、実質的な皇帝であった。

歴史上天皇家の危機は何回かあったが、恵美押勝の行動を放置しておけば、この男は天皇家を潰し、皇帝になっていただろう。けれども、淳仁天皇と孝謙上皇の不和が発端となり、天平宝字八年（七六四）九月、恵美押勝は追い詰められ、天皇御璽と駅鈴《うまやのすず》の奪い合いに後れをとり、近江に逃れるも、吉備真備らに追い詰められ、滅亡する。

このように、恵美押勝は、法と天皇を利用する手法から大きく舵《かじ》を切り、自身が権力の頂点に登り詰めることを目指し、しかも急ぎすぎたために頓挫したのである。

ただし、恵美押勝の行動は、思わぬ副産物を産み落とした。それが、称徳天皇（孝謙天皇が重祚《ちょうそ》）である。

屈辱的な天下大平事件

話は少し戻る。恵美押勝滅亡の最初のきっかけは、孝謙上皇と道鏡が懇《ねんご》ろになったことだ。これを淳仁天皇が非難した。これが火種となり、淳仁天皇と孝謙上皇の間に埋めようのない溝が生まれてしまったのである。経緯は以下のとおり。

天平宝字五年（七六一）十月、保良宮《ほらのみや》（滋賀県大津市国分《こくぶ》）で四十四歳の独身女帝・孝謙上皇は道鏡に看病され、親密な関係となり、これに淳仁天皇が横槍を入れたのだった。天平宝字六年（七六二）五月、ふたりは険悪な関係となって、内裏と法華寺《ほっけじ》に別れてにらみ合いをはじめる。六月、孝謙上皇は、次のように述べた。

「淳仁天皇はうやうやしく従うことなく、言ってはならぬことを言い、やってはならぬ事をした。そのようなことを言われる私ではない。だから、政治の小事は淳仁天皇に任せ、大事については、私が行う」

強烈な宣戦布告だ。

そしてこののち、恵美押勝の乱が勃発し、これを鎮圧した孝謙上皇は、兵数百を淳仁天皇の御在所に差し向け、宣命《せんみょう》を読み上げさせた。耳を疑うような内容である。

先帝聖武が私に皇位を禅譲される時、次のように述べられた。「王《おおきみ》を奴《やつこ》(奴婢《ぬひ》、あるいは臣下)と成しても、奴を王と言っても、汝《いまし》の好きなようにすればよい。たとえのちに誰かを帝に立てたとしても、礼を失し従わないようであれば、これを廃すればよい」。このような聖武帝の命を、二人の童子と共に聞いたのである。

そう言って、淳仁天皇を廃し、淡路国《あわじのくに》へ流してしまったのである。

なぜ、孝謙上皇と淳仁天皇は反りが合わなかったのかと言えば、孝謙上皇に、屈辱的な過去があったことが、ひとつの要因かもしれない。

橘奈良麻呂の変ののち、母・光明皇太后が病の床に伏せると、藤原仲麻呂が孝謙天皇に譲位を促した。理由は簡単なことだ。光明皇太后が亡くなれば、紫微中台の意味もなくなり、権力基盤が解体されるから、大炊王を即位させ、今度は「傀儡の天皇」を虎の威にして、権力を維持しようという魂胆である。

しかも、孝謙天皇は、屈辱的な猿芝居を強要された。それが、天平宝字元年（七五七）の、「天下大平事件」である。

この年の一月、橘諸兄が亡くなり、いよいよ藤原仲麻呂の政敵は、窮地に立たされていたころだ。その直後、事件は起きた。

三月二十日、孝謙天皇は寝殿《しんでん》で、承塵《しょうじん》の帳《とばり》に、「天下大平」の四文字が浮かびあがっているのを見つけた。承塵とは、屋根裏から埃《ほこり》が落ちるのを防ぐための布や板のことだ。

孝謙天皇はすぐに勅して、親王や群臣を集め、瑞字《ずいじ》を披露したのだった。誰かが、墨書《ぼくしょ》したのは明らかであるのに、孝謙天皇は大騒ぎをしたわけだ。みな、キツネにつままれたような気分だったろう。あるいは、大仰に驚いて見せたのだろうか。真意を測りかねて戸惑う者もいただろう。

やはりこれは、大芝居だった。「天下大平」の文字を大義名分にして、同月二十九日、聖武の遺詔《いしょう》によって立太子していた道祖王《ふなどのおおきみ》を無理やり廃し、翌四月、藤原仲麻呂の推す大炊王を皇太子に立ててしまった。橘奈良麻呂の変は、この年の七月のことだ。

ではなぜ、「天下大平」が廃太子の理由になりえたのだろう。

孝謙上皇と淳仁天皇の不和の理由

孝謙天皇は、道祖王廃太子の理由を、次のように述べている。すなわち、聖武上皇の喪が明けぬうちに道祖王が侍童《じどう》（身の回りの世話をする男子）と懇ろとなって、礼を失し、国家の機密も漏らしてしまったからだという。だから密かに皇太子を廃そうと思い、その善し悪しを諸神に祈っていたら、天下大平の四文字を授かったというのである。

天皇に舞い下りた神の声。しかもそれは、誰にも見える形となって現れたのである。

天平宝字二年（七五八）八月、孝謙天皇は大炊王に譲位。淳仁天皇は、こうして即位した。

孝謙天皇は藤原仲麻呂に命じられ、「天下大平という子供だましの茶番劇」を演じ、大炊王を皇太子に据えたのだろう。そして、自ら皇位を下りねばならなくなってしまったのである。これほどの屈辱があろうか。

淳仁天皇と孝謙上皇の不仲と、恵美押勝追い落としの根っこには、このような「恥をかかされた孝謙天皇」という過去が隠されていたわけである。

また、孝謙天皇即位直後から、紫微中台が設置され、太政官は機能しなくなっていたのだから、孝謙天皇は一度も「本来の天皇の仕事」をさせてもらえなかった可能性が高い。

恵美押勝を討った孝謙上皇は、淳仁天皇を廃して重祚し、称徳天皇になるに際して、「王（天皇）を奴に……」と述べた。常軌を逸したかのような発言である。これは、藤原仲麻呂の仕打ちへの反動といっていい。さらに怪僧道鏡を天皇に立てようとした事件も、このような背景を見なければ、その本当の意味はわからない。

藤原氏は、法と天皇のふたつの「絶対」を使い分けることで、権力を維持した。ところが、「天皇の離反（具体的には聖武天皇の関東行幸）」が起きたあと、藤原仲麻呂は「テロ」と「脅し」によって、「藤原に逆らう天皇」を皇位から引きずり下ろした（聖武天皇の譲位と孝謙天皇の即位）。しかも藤原仲麻呂は、孝謙天皇に全権を渡さなかった。光明皇太后を皇族として厚遇し、紫微中台というカラクリを用意して、天皇の力を削ぎ取ったのだった。

さらに、増長した恵美押勝（藤原仲麻呂）は、傀儡天皇（淳仁天皇）を担ぎ上げ、「朕が父」と呼ばせ、一家だけで朝堂を牛耳り、独裁権力を手に入れた。そして、恵美押勝本人が、天皇の上を行く中国的な独裁王「皇帝」になろうと企てたのである。

孝謙上皇は、天皇の歴史に汚点を残したことで名高い。

しかし真相は、「天皇」を小道具にして権力維持を画策した藤原氏の姿勢に問題があったと言うべきである。法と天皇の力を都合に応じて使い分けているうちに、「絶対の権力を有する天皇」が出現し、称徳天皇に至っては、奴を天皇にしてしまう自由さえ獲得するに至った。「天皇」はこうして「藤原権力に反発し復讐する者」から、モンスターに化けたのである。

残されたふたつの謎

このように考えてくると、聖武天皇が東大寺を建立した本当の意味も、ようやく明らかになってくるのである。それは、「勝手に天皇を利用した藤原氏に対する反動」であり、その「権力を与えられた天皇からの脱却」こそ、盧舎那仏に込められた願いだったのではあるまいか。

聖武天皇は、「権力と富は天皇に集中している。しかし、権力を行使しても意味がない。民の力を、ここで結集しようではないか」と呼びかけている。

聖武天皇は線の細い凡庸な傀儡天皇と考えられてきたが、これは誤解で、藤原に対する反動によって東大寺建立を思いついたが、だからと言って、驕り高ぶることなく、「藤原が誤って利用した天皇権力ではなく、もっと別の天皇の姿を模索した」のではなかろうか。そのモデルとなったのが、盧舎那仏を中心とする蓮華蔵世界なのである。

なぜ東大寺は、かくも美しいのか。なぜ東大寺の美は、忘れ去られてしまったのか。この謎を追ってきて、ようやく、その理由に近づきつつある。

ただし、残された謎がふたつある。それは、なぜ最初、東大寺は紫香楽宮で造営がはじまったのか、ということ。そしてもうひとつは、光明子のことだ。

光明子は聖武天皇と生母・宮子を引き合わせ、聖武天皇を「藤原の子」から「天武の子」に着せ替えている。その光明子が、なぜ藤原仲麻呂台頭ののち、紫微中台の設立に協力し、藤原仲麻呂の暴走を止められなかったのか、ということである。

そこでまず、片づけておきたいのは、紫香楽宮のことだ。

これは、それほど難しい問題ではない。

まず、なぜ聖武天皇は、平城京に戻りたくなかったのか、その理由を考えてみればよい。

平城京遷都を主導したのは藤原不比等で、新都に移ることで、藤原氏は一層発展するように仕組まれていた。藤原不比等の政敵で上司の石上《いそのかみの》（物部《もののべの》）麻呂《まろ》は左大臣

大極殿基壇を中心とした史跡公園となっている難波宮。

(現代風に言えば、総理大臣)であったにもかかわらず、遷都に際し、旧都・藤原京(新益京《あらましのみやこ》)の留守居役に任ぜられ、捨てられた。

また藤原不比等は、平城京の北東側の高台を押さえ、興福寺を建立した。

興福寺は天皇の宮を見下ろす山城であるとともに、平城京の真の主が天皇ではなく藤原氏であることを世に知らしめるための装置であった。

そして藤原不比等は、天皇の住まう宮のすぐ東側に隣接して、巨大な邸宅を築いた。現在の法華寺《ほっけじ》のあたりだ。だから、争いが起これば、すぐに天皇を栖に政敵を跳ね返せたし、天皇と敵対したならば、興福寺に立てこもり、天皇を脅すつもりだったろう。

したがって、藤原氏を敵に回した天皇は、平城京にいては、歯が立たないのである。

そこで聖武天皇は、平城京を抜け出し、恭仁京や紫香楽宮、難波宮を転々としたのである。

紫香楽宮の立地を考え直せば、興味深い事実に気づかされる。それは、ヤマトから見るのではなく、反対側の東国から紫香楽宮を見たとき、どういう意味があるのか、ということである。

紫香楽宮は要の位置にある

東国世界から紫香楽宮を眺めれば、見えてくる景色は、ヤマトから見たときとはまったく違ったものになる。東国からヤマトを攻めると仮定すれば、紫香楽宮はヤマトを「威嚇」するための「要」の位置にあたっているのがよくわかる。東国世界の西に向けての布石が、紫香楽宮だったとしても、何の不思議もない。

紫香楽宮は、「東から西に移動する人」の視点で見つめ直せば、交通の便も、意外によい。ヤマトに出ようと思えば、川を下り、琵琶湖↓宇治↓巨椋池《おぐらいけ》↓木津川↓奈良坂という方法と、山を南側に下って、そのまま木津川に出るという手がある。

紫香楽宮周辺の木材は、その後も頻繁に伐《き》り出され、川を下って琵琶湖にもたらされていた。琵琶湖は日本の流通の巨大ジャンクションなのだから、僻地と思われていた紫香楽も、水運という視点から考えれば、便利な場所だったのだ。

もし東西日本が対立したとき、ここに山城を築けば、ヤマト勢力にとっては脅威である。奈良時代、都で不穏な事件が起きると、必ず三関《さんげん》を閉じて警戒したが、紫香楽は三関よりも内側にあるから、厄介だ。

藤原氏にとって、「東」は常に仮想敵国だった。それはなぜかと言えば、藤原氏が倒した蘇我政権は、「東」が支えていたからである。

その理由は、拙著『出雲大社《いずもたいしゃ》の暗号』（講談社＋α文庫）の中で述べたように、ヤマト建国が東西日本の融合によって成されたこと、さらに、六世紀初頭、継体《けいたい》天皇が越《こし》（北陸）からヤマトに乗り込むが、この時、継体を後押ししていたのが、蘇我氏と東海の雄族・尾張氏で、蘇我氏は「東」の軍事力を大いに活用し、権力基盤を築いていた。壬申の乱で親蘇我派の大海人皇子が東国に逃れ、圧倒的な勝利を収めたのは、このためだ。また、藤原氏は壬申の乱によって一度没落しているのだから、彼らにとって東国は、政敵の勢力圏なのだ。だからこそ、奈良時代、都が緊張すると、東国の動きを警戒したのである。

すると、聖武天皇は東国社会を巻き込み、盧舎那仏を中心とした新たな秩序を、紫香楽宮に寺を造営することによって、構築しようと考えたのではないかと思えてくるのである。

紫香楽宮周辺で盛んに山火事が発生し、住んでいられなくなったのは、紫香楽宮の「地の利」を熟知していた何者かが、聖武天皇の思惑を知り尽くし、だからこそ妨害した、ということだろう。もちろん仕掛けたのは藤原仲麻呂に違いない。もし「紫香楽宮の盧舎那仏」が無用の長物になれば、藤原仲麻呂はせせら笑い、自滅を待ち、高見の見物としゃれ込んでいたことだろう。

逆に言えば、藤原氏が恐れたのは、ヤマトと東のつながりがいっそう強まることだったろう。事実、藤原氏の勃興と共に東北蝦夷《えみし》征討は計画され、東国の軍事力が東北に振り向けられたのは、藤原氏による東国弱体化計画ではないかと勘ぐらざるを得ない。

つまり、聖武天皇の「東国に軸足をおく」という施政は、想像以上に、大きな意味をもっていたのではないかと思えてくるのである。

その点、「東大寺」という名も、ただ単に平城京の東側にあったから、という意味を越えた「大きさ」を感じてしまうのである。

たとえば、東大寺三月堂《さんがつどう》に「失われた東の秘宝」が眠っていることは、無視できない。継体天皇の故郷である越の特産品は「糸魚川《いといがわ》のヒスイ」で、縄文時代以来、日本人はこの地で採れるヒスイを珍重してきた。ヒスイこそ、もっとも日本的な神宝と言っても過言ではなかったのだ。そして七世紀の蘇我氏も、飛鳥の地で、ヒスイを独占的に加工していたものだ。ところが、蘇我氏の衰弱と共に、ヒスイは忘れ去られ、見捨てられていく。東大寺三月堂の不空羂索《ふくうけんじゃく》観音菩薩立像の宝冠《ほうかん》に飾られたヒスイが、最後の輝きとなったのである。

古代のヤマトを代表する神宝・ヒスイが東大寺に封印された意味は、とてつもなく大きいのではあるまいか。

聖武天皇は強く「東」を意識し、「東」の力を頼った。これに対し藤原氏は、「東」の潜在能力を押さえ込むために全力を注いだのであった。この暗闘の傷痕が、東大寺に残されているのである。

正倉院とは何か

そこで光明子の謎に迫ろう。鍵を握っているのは、東大寺の正倉院だと思う。

すでに触れたように、聖武天皇亡きあと、光明子は聖武天皇遺愛の品を正倉院に封印したが、その真意はどこにあったのだろう。

正倉院とは、そもそもどのような施設なのか、そこから考えてみよう。

「正倉」とは、中央や地方の官衙《かんが》、大きな寺に備えられた蔵で、垣や築地で囲んだ敷地を「正倉院」と呼んだ。多くの正倉は、次第に姿を消し、東大寺の正倉だけが、創建当時のままの形で残ったことから、「正倉院」と言えば、東大寺のものを指すようになったのである。

東大寺正倉院の創建は、『東大寺献物帳《けんもつちょう》』の日付に近い時期と考えられる。すなわち、天平勝宝八年（七五六）六月の前後ということになる。

あるいは、天平勝宝四年（七五二）四月九日の大仏開眼会《かいげんえ》の時点で、すでに宝庫は存在していたのではないか、とする考えもある。

いずれにせよ、軒先を支える舟型肘木《ふながたひじき》など、建築部材の様式からも、天平時代盛期の建造物であることは明らかだ。

正倉院の宝物には、大きく分けてふたつの種類がある。ひとつは、八世紀半ばに光明皇太后が夫・聖武天皇の遺愛の品を献納したもの、もうひとつは、それから二百年後の平安時代中期の天暦《てんりゃく》四年（九五〇）に、東大寺羂索院《けんさくいん》（三月堂）の双倉《ならびぐら》から、宝物が移されている。大仏開眼会に用いられた開眼筆と墨、開眼縷《かいげんのる》や、称徳天皇が神護景雲《じんごけいうん》元年（七六七）二月四日に東大寺に行幸したとき献納したと考えられる「大《だい》銀壺一対《ぎんこいっつい》」は、この双倉から正倉院に移されたものだ。ちなみに、羂索院の双倉は東大寺の中でも特別な存在だったようで、すでに延喜《えんぎ》十二年（九一二）には綱封蔵《ごうふうぞう》になっていた。

そして、光明皇太后は、五回にわたって、宝物を献納しているが、それぞれに献納目録（献物帳）がある。天平勝宝八年（七五六）六月二十一日、聖武天皇の七七忌《しちしちき》（四十九日《しじゅうくにち》）に献納されたものは、「国家珍宝帳《こっかちんぽうちょう》」だ。この時、献納された品は六百数十点に上っている。ただし、現存するのは百数十点にすぎない。

次は、「国家珍宝帳」と同日の、「種々薬帳《しゅじゅやくちょう》」で、麝香《じゃこう》や六十種の薬物が奉献された。現存するのは三十九種で、生薬《しょうやく》としての効力は、いまだに失われていないという。

三番目の献物帳は七月二十六日の献物で、最初の献納から漏れた品を、追加で納めたものと思われる。この献物帳が「屏風花氈等帳《びょうぶかせんとうちょう》」で、中国初唐《しょとう》の欧陽詢《おうようじゅん》の真蹟《しんせき》屏風（名筆家の直筆）と東晋《とうしん》時代の書聖・王羲之《おうぎし》の臨書《りんしょ》屏風、それに花氈（唐代の文様が施されたフェルト製敷物）六十枚であった。

そして四番目が、天平宝字二年（七五八）六月一日の献物で、王羲之と王献之《おうけんし》の親子の真蹟書一巻だ。献物帳は、「大小王真蹟帳《だいしょうおうしんせきちょう》」という。正倉院に献納された宝物の中で、珍宝中の珍宝とされているが、現存しない。

五番目は藤原不比等の真筆の書屏風だ。献物帳は「藤原公真蹟帳」という。

これら、五回にわたって光明皇太后が献納し、献物帳に記された宝物を「帳内御《ちょうないぎょ》物《ぶつ》」、こののち献納されたものを、「帳外御物《ちょうがいぎょぶつ》」と呼んでいる。その中で、現代に伝わっているものの中から、毎年秋、小分けして、一般公開される。それが正倉院展である。

正倉院宝物はどこからやってきたのか

東大寺正倉院は、千二百年の間、大切な宝物を守りつづけてきた。

なぜ長い間、正倉院の宝物は、輝きを失わなかったのだろう。われわれが子供の頃、教わってきたのは、校倉造《あぜくらづく》りの木組みが、湿気と乾燥のたびに伸縮し、室内の湿度を一定に保ってきたというものだ。これは、江戸時代の考証学者・藤原貞幹《ふじわらさだもと》（藤貞幹《とうていかん》）が『好古小録《こうこしょうろく》』の中で述べて、明治時代に至り、国学者の小杉榲邨《こすぎすぎむら》らによって称賛され、継承され、建築史学界のお墨付きも得た考えだった。ただし、昭和二十四年（一九四九）頃、正倉院の内側と外側の温度と湿度を測ったところ、藤原貞幹の考えに根拠がなかったことがはっきりしたという。

ではなぜ、宝物は守られてきたのかといえば、丘陵上の立地で、湿気や風雨から守られていたことがひとつ。さらに、高床式の建造物だったことから、ある程度湿度を抑えられたこと、ネズミなどから宝物を守ることができた。また、建物はヒノキで造られていて、樹液から出される「ヒノキチオール」が殺菌効果を発揮したこと、その一方で、「ヒノキチオール」は宝物に触れると、かえって傷めてしまう。そこで、頑丈な杉の辛櫃《からびつ》にしまい、密閉していたことが、効果的だったと考えられている。辛櫃は温度と湿度の変動を和らげ、外の光や空気を遮断することができた。

ところで、正倉院の宝物と言えば、シルクロードを思い浮かべる。はるか西方の国々から、多くの宝物が流れ込み、正倉院の宝物になったというイメージがある。けれども、正倉院宝物の研究が進むにつれ、西方の国々、唐、朝鮮半島からもたらされた宝物は、意外に少なかったことがわかってきている。たとえば西アジアからもたらされたのは、ガラス器ぐらいだ。また、素材や材料は東南アジアなど南方系のものでも、現地で作られたかというと、じつに怪しいという。銘文から明らかに唐製と断定できるものは、それほど多くなく、「できがよいから唐製かもしれない」という、あいまいな宝物が、いくつか挙げられる程度である。

正倉院宝物がバラエティに富み、シルクロードの匂いを残すのは、唐代の中国で、西域の文様が中国化され、さらに奈良時代の人々が無意識のうちに影響を受けたかららしい。さらに関根真隆《せきねしんりゅう》は『正倉院への道』（吉川弘文館）の中で、「正倉院宝物の多くは本邦製」とした上で、次のように述べる。

造形、意匠などは西方色の色濃い大陸伝来のものを受入れつつも、それは奈良朝人によって、わが国に産する原材料でもって製作されたものが絶対多数というのが、正倉院宝物の実態であるといってよかろう。

つまり、すでに奈良時代から、日本人は他地域からもたらされる文化の影響を受け、うまく咀嚼《そしゃく》し、元の文化を凌駕するほどの技術とセンスを持ち合わせていたのである。

光明子はなぜ聖武天皇遺愛の品を東大寺に献納したのか

正倉院宝物の中には、天武天皇以来継承されてきた宝物も含まれている。それが、赤漆文欟木御厨子《せきしつぶんかんぼくのおんずし》で、天武天皇↓持統天皇↓文武天皇↓元正天皇↓聖武天皇↓孝謙天皇に伝えられた。この厨子の中に、聖武天皇宸筆《しんぴつ》の「雑集」、元正天皇の「孝経《こうきょう》」、光明皇后の「杜家立成《とかりっせい》」、「楽毅論《がくきろん》」などが納められていた。

ならばなぜ、光明子は王家に伝わる至宝や、聖武天皇遺愛の品を東大寺に献納したのだろう。

これまで考えられてきた推理は、次のようなものだ。

（1）陵墓《りょうぼ》に埋納するのと同じ理由で東大寺に施入した。
（2）国家の宝を保存する目的。
（3）美しいものを後世に伝えたいという光明子の願い。
（4）聖武天皇遺愛の品を聖武の聖霊《しょうりょう》に献ずる目的。
（5）天武系の王統が断絶することを見越して、王家の至宝を東大寺に献上した。

数々の推理の中から、ひとつの例を取りあげておこう。それは、（1）に近い考えだ。

東大寺に宝物は献納されたが、ただ単に、「お寺に寄進した」という話ではないとする考えがある。願文を読めばはっきりとするが、光明皇太后は「盧舎那仏」に宝物を預け、必死にすがったというのである。

土井弘《どいひろむ》は『正倉院』（小学館）の中で、盧舎那仏に対する進献が異例なこと、聖武天皇の葬儀を、それまでの因習を破り、仏教的追善儀礼《ついぜんぎれい》の「満中陰《まんちゅういん》（死者の霊魂がこの日に冥土《めいど》に行く）」を選んでいること、「国家珍宝帳」の願文の行間に、光明皇太后の切々たる心情が読み取れることから、光明皇太后自身に、なみなみならず深い思い入れがあったといい、次のように述べている。

それは何かといえば、ひっきょう超人間世界の毘盧舎那仏《びるしゃなぶつ》に託して、久遠《くおん》の秘庫（それはあたかも地下の墳墓などにも擬することができようか）に納め、薬物を除く他の宝物類はいっさいこれを永世にわたって保存せらるべき御趣意のものではなかったかと考えられる。

土井弘の推理は、常識的な考えといってよいし、他の四つの推理も、無理のない穏当なもので、可能性が高い推論といっていい。

ただし、これらは、「国家珍宝帳」の光明皇太后の言葉を素直に受け入れ、「光明皇太后は聖武天皇の死を悼み、冥土に導かれるように願っていたのだ」、という判断から出されたものであることは、いうまでもない。

ところが、このような常識に対し、いくつか疑問の声があがっている。たとえば、梅原猛は『海人と天皇』（新潮文庫）の中で、光明子の「もうひとつの顔」に注目している。

梅原猛は、光明子には矛盾するふたつの顔があるという。ひとつは、悲田院・施薬院を造り、貧しい人、病める人を救済した聖女の顔だ。

これは事実で、『続日本紀』天平二年（七三〇）四月十七日条には、「はじめて皇后宮職に施薬院を置く」とあり、薬草を買い集めたと記録される。

さらに、天平宝字四年(七六〇)六月七日、光明子の崩伝には、「悲田・施薬の両院を設け、天下の飢え病める人々を癒し、養った」と記される。

のちの時代、聖女伝説には尾鰭《おひれ》が付き、『東大寺縁起』には、光明子が病人の垢《あか》すりをしたと記され、さらに鎌倉時代の『元亨釈書《げんこうしゃくしょ》』には、次のような話が載る。

光明子が浴室《からふろ》を建て、貴賤《きせん》を問わず、病人の体を洗った。自ら誓い、千人の垢を取ろうと決意した。すると千人目の最後の病人は異臭を放ち、体中に膿《うみ》がたまっていた。病人が言うには、

「膿を吸い取ってもらえれば、病は治るというのですが、そんな人は、どこにもいません。しかし今、皇后は慈悲の心をもち、病を癒してくれるというではないですか。本当に、あなたには、その心があるのですか」

と問いかけてきた。やむを得ず光明子は全身の膿を口で吸い取り、吐いた。その上で光明子が、

「私が膿を吸ったことを、世間で語ってはいけません」

と述べると、その病人は光明を放ち、

「あなたも、阿閦仏《あしゅくぶつ》の体を洗ったことを、他人に語ってはなりません」

と言う。光明子が驚いてその姿を見やると、神々しい光が部屋に満ち、そして忽然《こつぜん》

法華寺（法華滅罪之寺）の地には不比等の大邸宅があった。

現在の浴室は江戸時代の建築。

と姿を消したという。光明子は驚き、喜んだ、というのである。

これは、まさに聖女伝説であり、光明子の功績を称える内容となっている。

悪女光明子が宝物を私物化したのか

光明子にはもうひとつ、悪女の顔があったと、梅原猛は言う。

光明子には、玄昉との間に醜聞《スキャンダル》がある。

『続日本紀』の玄昉の卒伝には、「僧としてはあってはならない振る舞いがあった」と記され、『今昔物語集《こんじゃくものがたりしゅう》』巻第十一には、光明子が玄昉を寵愛したと記される。

すでに述べたように、光明子は身の回りの世話をする役所・皇后宮職を紫微中台に改め実権を握った。梅原猛はこの事実を重視し、光明子は聖武天皇を裏切ったのだという。これは、聖武天皇の弱い立場にも原因があるという。

すでに触れてきたように、聖武天皇は「藤原の子」であった。藤原不比等が藤原氏の繁栄を勝ち取るために、天皇家に「藤原の娘」を娶《めと》らせ、産まれ落ちた子が首皇《おびとのみ》子《こ》（聖武天皇）であり、光明子と一緒に育てられた可能性も指摘されている。「藤原の籠」の中で育てられた「藤原の子」が聖武天皇であった。しかも聖武天皇は病弱だったというから、線の細いイメージが付きまとい、聖武天皇は藤原不比等の娘の光明子に支配されていたというのが、一般的な考えだ。梅原猛も、聖武天皇よりも光明子の方が、強い権力を握り、夫を軽蔑していたと推理したのである。

さらに、光明子は夫の目論見を打ち砕いたという。すなわち聖武天皇は、橘諸兄を政治の中心に据え、大伴、佐伯の軍事力を背景に、皇親政治を復興させようとしていたと梅原は言い、その上で次のように述べる。

この聖武帝の皇親政治復興のプログラムを崩壊させ、新天皇・孝謙女帝を即位させ、紫微中台を置いて、太政官の権力を空洞化し、光明皇后の権力を背景に仲麻呂の独裁体制を確立しようとしたのが「光明皇后＝仲麻呂」ラインによる政治的クーデターであった。（『海人と天皇』）

そうなってくると、正倉院宝物は、権力者＝光明皇太后が、聖武天皇の所持していた宝物を私物化するために、正倉院に封印したのだろうか。

ここで一言述べておきたいのは、「聖武天皇が皇親政治の復興を目指した」という、これまでの「常識」には、従えないということだ。その理由は、すでに触れてきたからくり返さない。

さらに、光明子に限らず、奈良時代の高貴な女性たちは、多くの醜聞にまみれているが、それはほとんどがでっち上げであり、なぜこのような事態が出来したのかについては、梅澤恵美子が『女帝』（ポプラ社）の中で詳述している。

つまり、藤原氏に利用されつづけた女帝や女人たちは、密かに藤原氏を恨んでいたが、挙げ句の果てに、歴史のなかで斬り捨てられていったというのである。

女帝たちは、我が身の不運を嘆きながら、それでも、「国家のため」「王家のため」と歯を食いしばり、貞淑な女帝を演じきった。だが、称徳天皇の出現によって、「女帝の乱」は勃発したのである。それは、元明女帝以来の宿憤であり、権力者「藤原」に対する復讐でもあった。そして、時の政権が、これらの女帝の反発を、スキャンダルとして片付けようとしたことこそが、歴史改竄《かいざん》とも言える真のスキャンダルではなかったかと、思えるのである。

まったく同感である。その点、梅原説は、的をはずしている。

正倉院への奉納はクーデターの証拠か?

光明皇太后がクーデターを狙っていたという考えもある。それが、由水常雄《よしみずつねお》の『正倉院の謎』（中公文庫）だ。

由水常雄は天平勝宝八年（七五六）六月二十一日、聖武天皇の七七忌（四十九日）に東大寺に奉納された品々を記した『東大寺献物帳』（「国家珍宝帳」と「種々薬帳」）に注目し、次のような疑念を抱いた。要約する。

（1）一ヵ所でよいはずの天皇御璽が、全面にわたって押印されている。しかも、これは勅書《ちょくしょ》ではない（「国家珍宝帳」の冒頭に「皇太后御製《おおみうた》」とある）ので、天皇御璽を押印する意味が分からない。

（2）なぜ東大寺に、聖武天皇遺愛の品が集中的に納められたのか。献納品の圧倒的多数は武器と武具と薬で、その次に多いのは、鏡や屏風で、仏前に供えるのにふさわしくない。これらはマツリゴト（政治）に用いる品ではないのか。

（3）巻末に署名した人々の多くが紫微中台の官人なのはなぜか。

最大の問題は、（1）の、天皇御璽である。由水常雄は直前の六月十二日に出された勅書に注目している。孝謙天皇が東大寺に施入（寄進）を行った勅書だが、「国家珍宝帳」の件《くだん》の署名者と同じ顔ぶれが署名している。しかも、ここが不思議なことに、こちらは勅書なのに、必要なはずの天皇御璽が押印されていない。あべこべなのである。

一方、四年後の天平宝字四年（七六〇）七月二十三日の恵美押勝がひとりで署名した『東大寺封戸処分勅書《ふこしょぶんちょくしょ》』には、天皇御璽が二十ヵ所押印されている。

そこで由水常雄は、光明子と恵美押勝が手を組んで、聖武天皇の七七忌に際し、聖武遺愛の品を東大寺に献納するという大義名分の下、天皇御璽を管理する太政官の橘諸兄に天皇御璽を要求したのだと考えた。そして、東大寺に数次にわたって宝物を献納することによって、返却を遅らせ、結局、天皇御璽を手放さなかったのではないか、という。天平宝字元年（七五七）に勃発した橘奈良麻呂の変では、橘奈良麻呂らが「鈴璽《れいじ》（駅鈴と天皇御璽）」を奪い、天皇を廃そうと企んでいたといい、この事件によって、天皇御璽を巡る争奪戦が勃発していたことがわかるとするのである。

なるほど、この考えを無視することはできない。紫微中台を創設し、有力な太政官を兼務させ、光明皇太后の権威を高めたとはいえ、太政官が天皇御璽を管理している間は、すべてが思い通りにいくわけではなかっただろうからだ。当然恵美押勝は、どのような手を使ってでも、天皇御璽を手に入れようと画策しただろう。そうすれば、まさに「鬼に金棒《かなぼう》」となる。

ただし、筆者は少し違う考えをもっている。確かに恵美押勝は、天皇御璽を欲していたかも知れない。しかし光明皇太后は恵美押勝の企みに従っているように見せかけておいて、さらに恵美押勝を出し抜いていたのではないかと思えてならないのである。

なぜそう思うのか、その理由は、のちに触れる。

ところで米田雄介は、由水常雄の考えのみならず、これまでの正倉院を巡る諸説に納得できないという。

東大寺だけではなく、法隆寺や南都諸寺にもお宝が奉納され、聖武の冥福を祈っていたのだから、たとえば正倉院への献納の目的は、やはり聖武天皇の死を悼むことだとする。その上で、東大寺への献納品の数が突出していることの理由を、次のように述べる。すなわち、東大寺は華厳経の本願によって造られた盧舎那仏を仰ぎ、国家鎮護の中心に立つ。聖武天皇崩御ののち、蓮華蔵世界の本願の仏に相まみえられるように、東大寺に遺愛の品物を奉納したのだろう、とするのである（『正倉院の謎を解く』毎日新聞社）。

光明子は藤原の魔の手から宝物を守った？

米田雄介の「括《くく》り」によって、結局、無難な発想に戻ってきてしまったが、これで真相はつかめたのだろうか。あるいは、正倉院の宝物には、もっとほかの意味が隠されていたのだろうか。

注目すべきは、南都諸大寺に奉納されたお宝は、私物化され寺宝になる例があったのに、東大寺に限って、東大寺自身も、勝手に動かせなかったことだ。出し入れや点検、拝観には、必ず勅許《ちょっきょ》が必要だった。ここに、大きな謎が隠されていたのである。

どのような権力者であっても、勅許がなければ正倉院を開けることができなかったのは、確かなことだ。

寛仁《かんにん》三年（一〇一九）、藤原道長《みちなが》は、子で摂政《せっしょう》の頼通《よりみち》と共に、南都に赴いた。東大寺で受戒《じゅかい》するためだ。この時、道長は正倉院の宝物を見てみたいと思いつき、勅許を求め、勅使《ちょくし》の鍵で、扉を開いた。摂政と前摂政という、当時の最高権力者二人であっても、正倉院を勝手に開けることは憚《はばか》られたのである。

鎌倉時代、九条道家《くじょうみちいえ》や近衛兼経《このえかねつね》ら藤原系の最高権力者たちも、東大寺で受戒したとき、正倉院の開扉《かいひ》を行っているが、やはり勅許を得ていた。足利義満《あしかがよしみつ》ら室町《むろまち》幕府の将軍や織田信長も、勅許を得なければ、正倉院を開くことはできなかったのである。

なぜ、東大寺正倉院に限って、天皇だけしか開くことができない、というルールが作られ、守られたのだろう。光明子の目的は、何だったのか。

時代背景を、もう一度ふり返ってみよう。それは、藤原仲麻呂が紫微中台を利用して権力を拡張しつつあった時期である。聖武も亡くなり、光明子の種《たね》違いの兄・橘諸兄もすでに勢いはない。そして間もなく、橘諸兄も亡くなり、道祖王《ふなどのおおきみ》の廃太子、大炊王《おおいのおおきみ》の立太子、橘奈良麻呂の変へと、たてつづけに事件は起きていく。宝物の正倉院献納は、激動の時代の真っ最中なのである。

つまり、藤原仲麻呂の一党独裁の基礎固めがほぼ完成し、反藤原勢力が最後の抵抗を試みようとする直前、正倉院に、聖武天皇遺愛の品は封印されたのである。

光明皇太后は、表面上は藤原仲麻呂の「策」に乗るフリをして、夫の遺品を、本気で正倉院に封印し、「藤原氏の手には渡らせない」と考えたのではなかったか。

そう考える理由は、三つある。

まず、光明子が「藤原の子」で、藤原の繁栄のために邁進したというこれまでの常識は、根底から考え直す必要がある。光明子は「藤原の子」であるかもしれないが、それ以上に「県犬養三千代の娘」なのである。

藤原に利用され、辛抱してきた女人たちの苦しみを、県犬養三千代はつぶさに見聞きし、自らも同じ境遇に立たされていることを呪ったのだ。そして、母の苦しみを光明子は敏感に感じとったであろう。長屋王の祟りに恐怖した光明子は、聖武天皇を揺り動かし、国分寺と国分尼寺（法華滅罪之寺）の建立を急いだのである。

光明子は慈善事業を手がけ、「積善《せきぜん》の藤家《とうけ》」のスローガンを掲げた。これは、スタンドプレーなどではない。実態は「滅罪」であり、善行を積み上げることによって、藤原の罪、穢《けが》れを振り払おうと考えたのであろう。

そして、聖武天皇誕生直後から藤原不比等の邸宅に幽閉されていた宮子を救出し、聖武天皇に引き合わせた。もし光明子が、骨の髄まで「藤原の子」なら、この再会は実現していなかったはずなのだ。

つまり、「県犬養三千代の娘」の意地が、藤原氏から宝物を守ろうという執念に変わったのではあるまいか。

あふれ出た光明子の本心

第二の理由は、『東大寺献物帳』に残された、光明皇太后御製の四六駢儷体《しろくべんれいたい》の願文である。

願文は、前半の主文と最後のあとがきで構成される。問題は、前と後ではタッチが異なり、前半が杓子定規《しゃくしじょうぎ》な心のこもっていない美文、かたや後半の付け足しの部分は、哀切な心情が吐露されていることである。

たとえば、前半の出だしは、次のようなものだ。原文が漢文のため、読み下しを引用する（林陸朗《はやしろくろう》『光明皇后』吉川弘文館）。

まず、聖武天皇の遺徳を、次のように説明する。

先帝陛下（聖武天皇）、徳は乾坤《けんこん》（天と地）に合し、明《めい》は日月に並び、三宝（仏法僧）を崇《あが》めて悪をとゞめ、四摂《ししょう》（菩薩《ぼさつ》が衆生《しゅじょう》を救う四つの法）を統《す》べて休（さいわい）を揚ぐ。声は天竺《てんじく》に籠りて（名声はインドにおよび）菩提僧正《ぼだいそうじょう》（菩提僊那《せんな》。来朝したインドの僧）流沙《りゅうさ》を渉《わた》りて遠く到り、化は振旦《しんたん》（中国）に及びて鑑真和上《がんじんわじょう》滄海《そうかい》を凌《しの》いで遥かに来《きた》る。

また、聖武の面影を偲《しの》んで、光明皇太后は、次のように悲歎する。

つねにおもへらく、千秋万歳、合歓《ごうかん》相保たんと（いつまでもともに楽しみたいと思っていた）。誰か期せん、幽塗《ゆうと》（あの世）阻《はば》むことありて閲水《えつすい》（冷ややかに）悲涼《ひりょう》し、霊寿増すことなく穀林《こくりん》揺落（林の木々の葉が散る）するを。隟駟《げきし》駐《とど》め難く（あっという間に）、七々（七七忌）俄《にわ》かに来る。茶襟《ときん》（苦しい気持ち）うたゝ積りて酷意《こくい》（悲しむ心）いよいよ深し。

これらを踏まえ、東大寺に施入する宝物の内容と意味を述べる。

これが、『東大寺献物帳』の願文前半の内容だ。漢文として、美しい仕上がりになっていると評価されることが多い。けれども隙がなく、やや事務的な匂いがする。

先述の由水常雄は、これは、漢籍に精通した藤原仲麻呂が記したのではないかと、推理している。大いにあり得る。というのも、これら、東大寺に宝物を施入する理由を書き並べた最後に、もう一度、聖武に対する哀悼の文章が載り、この文体が、明らかに異なっているからだ。これが、先述した後半の付け足し部分である。

以下、引用する。


右、件は皆これ先帝翫弄《がんろう》の珍（聖武の愛された珍しい品）、内司供擬《ぐぎ》の物なり（宮中の役所が奉った物）。疇昔《ちゅうせき》（生前の聖武）を追感して目に触るれば崩摧《ほうさい》す（崩れ落ちる。泣き崩れる）。謹んでもつて盧舎那仏に献じ奉る。伏して願はくは、この善因をもつて冥助（冥土）に資し奉り（往生する）、早く十聖に遊んであまねく三途《さんず》に済《すく》ひ、しかるのち鑾《らん》（天子の馬車についた鈴）を花蔵《けぞう》の宮に鳴らし、蹕《ひつ》（行幸）を涅槃《ねはん》の岸に住《とど》めんことを。


生前の聖武の賞翫《しょうがん》した品を見るにつけ、泣き崩れてしまう……。ここに、光明皇太后の本心が隠されているように思えてならないのである。

通説は、人の感情をあまり忖度《そんたく》しないから、この一節に関心を示さない。しかし、短いフレーズの中に、光明子の聖武天皇に対する愛情が満ちてあふれ落ちているように思えてくるのである。

『万葉集』巻八―一六五八は、光明子の次の歌だ。

わが背子《せこ》と二人見ませば幾許《いくばく》かこの降る雪の嬉《うれ》しからまし

夫聖武と二人並んで見たならば、この降る雪もうれしいでしょうに……。

はたしてこれが、後世「悪女」とみなされた女性の作った歌だろうか。そして、頂点を極めた権力者の言葉であろうか。

ここに記された「わが背子」は、聖武天皇を指しているのではないとする説もある。男性として魅力のない聖武天皇ではなく、もっとほかの男性だった、という。しかし、噂話に尾鰭《おひれ》が付き、スキャンダルとなって語られた、のちの世の光明子に対する評価に影響を受けてしまったからそう思うのだ。

素直にこの歌を読めば、光明子の真心が伝わってくるのである。権力者にしては無防備なのは、なぜだろう。光明子の無邪気な心根を、感じずにはいられない。これが聖武天皇に対する光明子の本心であろう。

東大寺の暗号

光明子は夫・聖武天皇が藤原氏の傀儡として利用されている様子を、脇で見守りつづけた。純粋培養された聖武は、藤原四兄弟が全滅するまで、何の疑問も抱かずに、藤原氏の語る歴史と正義を鵜呑みにし、いいなりになってきたのだ。県犬養三千代の娘＝光明子は、裏側に隠された闇をすべて知っていたから、夫のけなげな姿が、傷ましく、また、いとおしく見えていたのだろう。また、光明子自身が「藤原」であることにも、責任を感じていたに違いない。

光明子は、長屋王の祟りに遭い、夫が背負い込んでしまった「業《ごう》」を憂えたに違いない。光明子自身も、「積善の藤家」を唱え、「罪滅ぼし」をはじめるが、「藤原に利用され、操られていた聖武までも、業を背負い込んでしまった」ことを、悔やんでいたのではあるまいか。

罪の意識を共有した二人は、強い絆で結ばれ、やがて、国分寺、国分尼寺（法華滅罪之寺）、東大寺建立という大プロジェクトを立ち上げることによって、癒されていったのだろう。

一方、光明子は聖武天皇と娘の孝謙（称徳）天皇を藤原の毒牙から守るために、仮面をかぶり、女にしかできない戦いをはじめたのだろう。他人から見れば、「藤原の女」に見えることもあっただろう。しかし、「正体を現さないところ」が、女の戦いの真骨頂である。ここに、東大寺の暗号が秘められている。

ある時は聖武天皇の背中を押し、ある時は藤原仲麻呂の味方のような顔をして、光明子が守りつづけたのは、女系の血でつながった絆であり、家族であったように思えてならないのである。

そして、聖武天皇と過ごした日々は、光明子にとって、「つらく、悲しいことばかりが多かった」のだろう。藤原氏は権力の座を射止め富を蓄えるためには、手段を選ばなかった。だから夫を守ることだけが、唯一の使命と、光明子は心に刻んだのだろう。けれども、「二人でいられたことのうれしさ」に満ちた日々でもあった。せめてその思い出だけは、藤原にむしり取られたくない……。だから光明子は、聖武の愛玩の品々を、東大寺に封印したのだろう。彼女の執念があったからこそ、正倉院宝物は、今日に至っても、輝きを失わなかったのである。

東大寺の歴史には、聖武天皇と光明子の、深く悲しい「情」が隠されていたのだ。けれども、光明子は、最後の最後まで、「本心」を誰にも打ち明けられず、鉄の女を演じつづけ、のちの世に、醜聞が取り沙汰されたのだ。

東大寺の暗号とは、つまりは藤原を欺《あざむ》き、世の中を騙《だま》しつづけた光明子の、心の中に、秘められていたのである。

東大寺建立事業は、一見して無謀なプロジェクトであった。しかも政治に翻弄され、幾たびも頓挫しかけた。しかし最後まで初志を貫徹することができたのは、聖武天皇が「本気」だったからであり、光明子の真心が、夫を支えたからこそ、「できるはずのない事業はやり遂げられた」のであろう。

東大寺が、われわれ日本人の宝物でありつづけるのは、聖武天皇と光明子の二人の輝ける愛の結晶だからである。

そしてふたりの愛は、多くの民にも向けられていたのだと、信じたい。

終章　お水取りに隠された謎

お水取りが行われる二月堂。

なぜ修二会《しゅにえ》（お水取り）は続いてきたのか

最後に残された東大寺の謎は、修二会（お水取り）である。なぜ東大寺二月堂で執り行われる修二会は、途切れることなく続いてきたのだろう。

そもそも、いつどのように、この祭りは始まったのだろう。

天文十四年《じっちゅうかしょう》（一五四五）の「二月堂縁起《えんぎ》」には、修二会の起源を、次のように記録する。実忠和尚の奇譚《きたん》だ。

天平勝宝《しょうほう》三年（七五一）、実忠は笠置寺《かさぎでら》（京都府相楽《そうらく》郡笠置町《かさぎちょう》）の竜穴《りゅうけつ》に入り、都《と》率《そつ》の内院《ないいん》（都率天）を巡礼した。都率天は、弥勒菩薩《みろくぼさつ》のいる天界だ。その中の常念《じょうねん》観音院《かんのんいん》で天人が集まり十一面悔過《けか》の行法《ぎょうほう》を修《しゅう》している場面に出くわす。この行法をいかに人の世で行うことができるか、その方法を伝授された。天上界の一日は人間界の四百年に相当するのだから、行道《ぎょうどう》を怠ることなく勤めなければならないと教わったのだ。こうして天平勝宝四年（七五二）二月一日から大同《だいどう》四年（八〇九）にいたる約六十年の間、毎年二十七夜、行法を修した。すると、都率の八天が練行《れんぎょう》の道場に下って神変《しんぺん》を現した……。

もちろん、これは作り話で、この中に修二会を続けなくてはならない理由をみつけることはできない。

すでに触れたように、何度も中断の危機はあった。しかしそのたびに、工夫と努力で乗り越えてきた。まるで取り憑《つ》かれたようで、執念すら感じる。それは「不退之行法」と呼ばれるように、練行衆《れんぎょうしゅう》（参籠衆《さんろうしゅう》）たちの、固い決意だったにちがいない。いったいなぜ、お水取りをやめることはできなかったのだろう。ここに、大きな謎を感じずにはいられないのである。

謎は解けるのだろうか。ひとつずつ、修二会の真実を探っていこう。

「水取りや瀬々《せぜ》のぬるみも此日《この》より」と語られるが、それは、修二会が人びとにとって、春を呼ぶ祭りだからだ。不思議な高揚感に包まれるが、その反面、籠《こ》もりの僧の引き締まった厳しい表情がある。この祭りが尋常ならざる事情ではじめられたことを感じとらねばならない。

修二会のクライマックスは、三月十二日から十三日の未明にかけて執り行われる「お水取り」である。

丑三《うしみ》つ時（午前二時ごろ）、二月堂の西側の閼伽井《あかい》に、咒師《しゅし》を先頭にして、七人の練行衆が下り、閼伽水《あかみず》（香水《こうずい》）を汲み上げにいく。

この水、何を意味しているのだろう。次のような説話が残される。

実忠和尚が行法を行っている間、来臨《らいりん》し影向《ようごう》(姿を現す)した諸神一万三千七百余座の名を記し神名《じんみょうちょう》帳を定めた。ところが、若狭国《わかさのくに》の遠敷明神《おにゅうみょうじん》という神が遅れてやってきた。遠敷川で魚釣りをしていたのだ。遠敷明神は嘆き後悔して、お詫びに道場(二月堂)のほとりに香水を出して献上すると実忠に約束した。すると白黒二羽の鵜《う》がにわかに岩の中から飛び出して、脇の木に止まった。この時から、美味しい水が湧いて出るようになった。これを本尊に供える香水の井戸にしたという。

また実際に、若狭国では、毎年「お水送り」が行われる。遠敷川(音無川《おとなしがわ》)に沿って、若狭彦《わかさひこ》神社と若狭姫《わかさひめ》神社が鎮座し、その神宮寺《じんぐうじ》(若狭神宮寺)が三月二日に修二会を執り行い、さらに鵜の瀬に香水を注ぐ(お水送り)と、地下を通って十日後に奈良の二月堂に届くのだという。

遠敷と丹生《にう》のつながり

お水取りの謎のひとつが、この「お水送り」だ。なぜ日本海側の若狭と東大寺がつながってくるのだろう。それに、東大寺の方が標高は高いのに、なぜ若狭から水が届くと信じていたのだろう。

お水送りをしていた地域が、「若狭国遠敷郡」だったところにヒントが隠されている。

「遠敷」と書いてなぜ「おにゅう」と読むようになったのだろう。江戸後期の若狭出身の国学者・伴信友《ばんのぶとも》は、「遠敷」は本来「小丹生」ではないかと指摘している。この地域で「丹土《につち》（赤土）」が出ること、平安時代中期に記された『和名類聚抄《わみょうるいじゅしょう》』に若狭の郷名が載っていて、そこに「遠敷」「丹生」がつづいて記され対比されているからだ。藤原京《ふじわらきょう》から出土した木簡にも、「遠敷」ではなく「小丹生」とあったことから、この推理は物証によって裏付けられたのである。

ならばなぜ、小丹生が遠敷に化けたのかといえば、八世紀に朝廷から「地名は二文字の好字《こうじ》を用いよ」というお達しが出たからだ。

ここで「丹生」について考えておきたい。西日本を中心に「丹生」の地名がいくつも残されている。

民俗学の視点からは、「丹生」は「稲積《いねづ》み＝ニホ、ニフ」の意味で、神の降臨する標山《しめやま》や稲の産屋《うぶや》に通じ、新嘗祭《にいなめさい》の「ニヒ」とも関係していると考えられている。あるいは水の神ではないか、とする説もある。しかし、次第に「丹生」は、「丹砂（朱《しゅ》砂《しゃ》、辰砂《しんしゃ》。硫化水銀）」の産地だったと考えられるようになってきた。そして、東大寺と関わりの深い若狭の遠敷山中の洞窟からは、高品位の水銀含有が確認されている

（永江秀雄「各地の金属伝承　水銀産地名「丹生」を追って」『金属と地名』谷川健一編　三一書房）。さらに永江秀雄は、各地の「丹生」にまつわる地名と古墳時代の辰砂採掘採石遺跡がつながっていることも指摘している。

「丹生」で思い出すのは、空海《くうかい》（弘法大師《こうぼうだいし》）である。

弘仁《こうにん》七年（八一六）の春、空海が霊場を求めて大和国宇智郡《うちのこおり》（奈良県五條市）に至ったとき、弓箭《ゆみや》を携えた大柄な猟師に出会った。南山《みなみやま》の犬飼《いぬかい》を自称し、霊場造りに協力すると申し出た。続いて紀伊《きい》との国境付近で山の民が現れ、山に誘った。これが山の王・丹生明神で、神領《じんりょう》を献ずると言うので、ここに草庵を建てた。こうして丹生明神は高野山《こうやさん》の地主神《じしゅのかみ》となった。丹生明神は丹生都比売《にうつひめ》神社（天野大社《あまのたいしゃ》。和歌山県伊都《いと》郡かつらぎ町）で祀《まつ》られる丹生都比売のことだ。

『播磨国風土記《はりまのくにのふどき》』逸文《いつぶん》には、神功皇后《じんぐうこうごう》が新羅征討《しらぎせいとう》に際し諸神に祈ると、爾保都比売《にほつひめ》命《みこと》（丹生都比売）が託宣《たくせん》を下し、祀るように命じ、「赤土」を賜った。そこで神功皇后は、その土を天《あま》の逆桙《さかほこ》に塗って船に立て、また船や兵士の着衣にも塗ったという。やはり、「丹生」は「赤い土」と関わりが深い。

丹生都比売や丹生の神々を祀る丹生氏は、山の民で、太古から狩猟に従事していたが、次第に採鉱冶金《やきん》に手を出し、一大水銀王国を構えるほどに成長していた。山の民が水銀や鉱山と密接につながっていくのは当然のことで、また後の時代になると、修験者《しゅげんじゃ》たちも、鉱業と深くかかわっていくことになる。

山の民と東大寺

そこで話を遠敷と東大寺に戻せば、東大寺造立《ぞうりゅう》に際し、大量の水銀が必要だったという事実がある。金を溶かし水銀と混ぜ、アマルガム（という名の合金）を作り、金属に塗り、熱を加えて水銀を蒸発させると、金メッキができあがる。この鍍金《ときん》法を「金アマルガム法」という。もちろん、東大寺の大仏（盧舎那仏《るしゃなぶつ》）も、この方法で鍍金され、金銅仏《こんどうぶつ》となったわけだ。大仏は四百キロ以上の金と、その五倍の水銀を用いて、完成したという。また水銀は、各地から採取された丹砂を精製して作られた。すなわち、東大寺と遠敷（小丹生）は、水銀でつながっていたわけである。

『万葉集』巻十六—三八四一に、次の歌がある。

仏造る真朱《まそほ》足らずは水たまる池田の朝臣が鼻の上を掘れ

これは、「報《こた》へ嗤《わら》ふ歌一首」で、前の歌を受けて相手を茶化した歌なのだ。大仏を造る朱《しゅ》（水銀）が足らないのならば、池田朝臣の（赤い）鼻の上を掘ればよい、という。大仏造立に使う水銀が不足していたこと、赤い土を求めていたことが分かる。

丹砂を追い求めるのは山の民で、のちの時代に差別を受ける人びとだ。聖武天皇は最下層の人びとを味方に引き入れて東大寺を建立したが、こういう事情も加味しないと、深意はつかめないのかもしれない。東大寺の周辺には、山の民や虐げられた者が登場する。

修二会でくり広げられる行法は、純粋な仏教によるものだけではないし、土俗の信仰が混じっているという指摘がある。たとえば三月十二日から三日間行われる「達《だっ》陀《たん》」の起源が、よく分かっていない。

何をやっているのかもよく分からない。松明《たいまつ》を振り回し、火や水をまき散らす。堂内は火に包まれるのだ。

中国の韃靼《だったん》国から伝わったという説もある。しかし、はっきりとしたことは分からないのだ。むしろ、二月堂がオリジナルだった可能性が高い。『東大寺』（東大寺編学生社）には、次のようにある。

この火の信仰は、お水取りの水の信仰と同様に、古代日本の原始信仰が、仏教の煩悩《ぼんのう》焼尽《しょうじん》の思想と融合して、この行法に加えられたのだろう。

その通りだと思う。ここでいいたいのは、日本の文化の基層を担った山の民が空海に協力したように、おそらく東大寺造立に際しても、彼らが力を発揮したこと、そのエネルギーと信仰の残像を、二月堂の修二会の行法の中に、見出すことができるのではないか、ということなのである。

修二会の二つの目的

修二会の目的は、大きく分けて二つあると思う。それは、実利と悔過《けか》である。実利というのは、今述べた、「丹生」とのつながりである。水銀を求めた聖武天皇は、山の民の助けを借り修二会は生まれたのではなかったか。

そして、もうひとつの大きな目的は、「悔過」「懺悔《さんげ》」だと思う。

修二会は儀式法要で、本尊（観音）に悔過（罪を告白）するものだ。法隆寺、薬師寺、長谷寺《はせでら》などでも執り行われる。みな本尊に罪を告白し、懺悔するのである。

二月堂の十一面悔過では、毎日六回ずつ、悔過がくり返される。これを六時《ろくじ》の行法《ぎょうぼう》と呼んでいる。修二会の期間中、計八十四回の悔過が行われるのだ。

『類聚三代格《るいじゅうさんだいきゃく》』の承和《じょうわ》十三年（八四六）の太政官符《だいじょうかんぷ》には、「人の世にあって、つねに罪とともにある。人は無数に過ちを犯すのだから、ただ慚愧《ざんき》して解脱《げだつ》するべきだ」

と記される。

「懺悔」そのものは、仏典にしばしば登場する重要な言葉だ。罪を告白し懺悔して仏に許しを請い、罪を除く。その時、五体を地に投げ出し、懺悔して罪を謝る。

五体投地の起源は、古代インドの最高の礼法に求められる。まっすぐ立ち合掌《がっしょう》し、順番に、右膝、左膝、両肘《ひじ》、額を地面に投ずるのだ。仏教では、比丘《びく》（出家修行者）が五つの作法を守り、仏前で悪事《まがごと》を告げ、悔いた。中国でも五〜七世紀にかけて懺悔の儀式法則がつくられ、これが日本に伝わった。

朱鳥《あかみとり》元年（六八六）七月には、天武天皇の病気平癒を祈願して、天平十一年（七三九）七月には、五穀豊穣《ごこくほうじょう》を願って諸国で悔過が執り行われた。八世紀半ばには、毎年行われるようになったが、ここで重要なのは、これらの悔過が「個人の心の問題」という本来の意味からはやや脱線し、「招福除災」の現世利益を求めた日本的な「祈り」に変わっていたことだ。しかもそれは、国家レベルで執り行われる「鎮護《ちんご》国家」の意味合いが強くなっていったし、それまでの神祇祭祀《じんぎさいし》と習合《しゅうごう》していくのである。

どういうことかというと、たとえば二月堂で祀られるのは十一面観音で、この観音様はヒンドゥー教の十一のルドラ神群が仏教に取り入れられ、十一の神々を寄せ集めた姿が、原義であった。これが「神々を勧請《かんじょう》する」という日本的な祭祀形態と重なっていったわけである。

ヒントを握っているのは早良親王《さわらしんのう》

なぜ東大寺は、執拗に懺悔をくり返していたのだろう。くどいようだが、修二会は始められてからこの方、中断されることはなかった。このこだわりは、尋常ではない。何かしらの「執念」を感じずにはいられないのである。

基皇子《もといのみこ》の死を悲しんだ聖武天皇の思いが激しかったからだろうか。

二月堂の近くに、基皇子の菩提《ぼだい》を弔うお堂が存在したし、たしかに聖武天皇は皇子の死を大いに嘆いていた。しかし、歴史上夭逝《ようせい》した皇子は基皇子だけではない。基皇子の菩提を弔うために、修二会が執り行われ、今日まで絶えなかったわけではないだろう。もっとほかの理由があったはずなのだ。

ヒントを握っているのは、早良親王だと思う。

早良親王と聞いても、ぴんとこないかもしれない。桓武天皇の同母弟で、皇太子《ひつぎのみこ》だった。ところが平安京遷都の直前、長岡京（京都府向日市《むこうし》、長岡京市、京都府乙訓郡《おとくにぐん》大山崎町にまたがる）に都城が造立されたとき、謀反事件を起こしたのが、早良親王だった。後に再び触れるように、早良親王は冤罪《えんざい》で殺されたようで、祟りが桓武天皇を苦しめ、だから崇道《すどう》天皇という追号《ついごう》が、贈られたのだった。「祟る崇道天皇」の方が、有名かもしれない。

この事件、複雑な要素がからんでいる。まず、早良親王の素姓から、明らかにしておこう。早良親王の父は光仁《こうにん》天皇で、天智《てんじ》系の天皇だ。すでに触れたように、天武系の称徳《しょうとく》天皇の崩御ののち、藤原氏の肝いりで即位した。

天応《てんおう》元年（七八一）四月に光仁が譲位し桓武天皇が即位すると、早良親王は皇太子に立った。桓武の子がまだ幼かったのと光仁天皇が早良親王に期待していたようだ。

早良親王の前半生は、正史に記録されていない。『一代要記《いちだいようき》』に「出家した」とあるだけだった。しかし、次第にその足跡が明らかになってきた。山田英雄が、東大寺にまつわる文書の中に登場する「皇子大禅師《ぜんじ》（天智天皇の曾孫で光仁天皇の子）」「親《しん》王禅師《のうぜんじ》」「禅師親王」を早良親王と見破ったからだ（「早良親王と東大寺」『南都《なんと》仏教一二号』）。

早良親王は十一歳で出家し、二十一歳で受戒《じゅかい》していた。東大寺の羂索院《けんさくいん》（三月堂）に住んでいたが、神護景雲《じんごけいうん》年間に大安寺《だいあんじ》に移り、父親が瓢箪《ひょうたん》から駒の形で即位した（光仁天皇）。宝亀《ほうき》年間（七七〇〜七八〇）には、大安寺にありながら、東大寺の経営に大いにかかわりをもった。東大寺造営の諸問題に、良弁《ろうべん》とともに立ち向かい、実忠にあれこれと指示をしていたこと、寺主《じしゅ》（寺院の統括者）を任命するという人事権を保有していたこと、造東大寺司《ぞうとうだいじし》にも命令を下していることが、文書から分かる。

実忠といえば、すでに述べたように修二会を始めた人物である。良弁の高弟として東大寺の要職を歴任していた。どうやら親王禅師（早良親王）は、良弁の後継者の立場にあったようなのだ。良弁は臨終に際し、「花厳《けごん》（華厳）一乗《じょう》」を崇道天皇（早良親王）に渡したという記録がある（『東大寺要録《とうだいじようろく》』）。「花厳」の詳細は分からない。「華厳宗」の奥義《おうぎ》なのか、あるいは何かしらの引き継ぎが行われたということだろうか。また、東大寺の行く末を託されたということなのかもしれない。良弁は、寺院内を統轄する三綱《さんごう》の役職には就いていなかったが、三綱を超える権限を保障されていた。だから、親王禅師は、東大寺を束《たば》ねる役割を委ねられたのだろう。

おそらく親王禅師は、深い信仰心と溢れんばかりの才覚をもって、潑剌《はつらつ》と東大寺の運営をこなしていたのだろう。

ところが、桓武天皇即位のあと、皮肉な運命が待ち構えていた。

なぜ早良親王は立太子したのか

早良親王は、なぜ皇太子に冊立《さくりつ》されたのだろう。光仁天皇の働きかけだったようだが、僧侶が立太子するということは、前代未聞の出来事だった。

ここで思い起こしていただきたいのは、井上内親王《いかみないしんのう》と他戸《おさべ》親王の悲劇（九九頁）

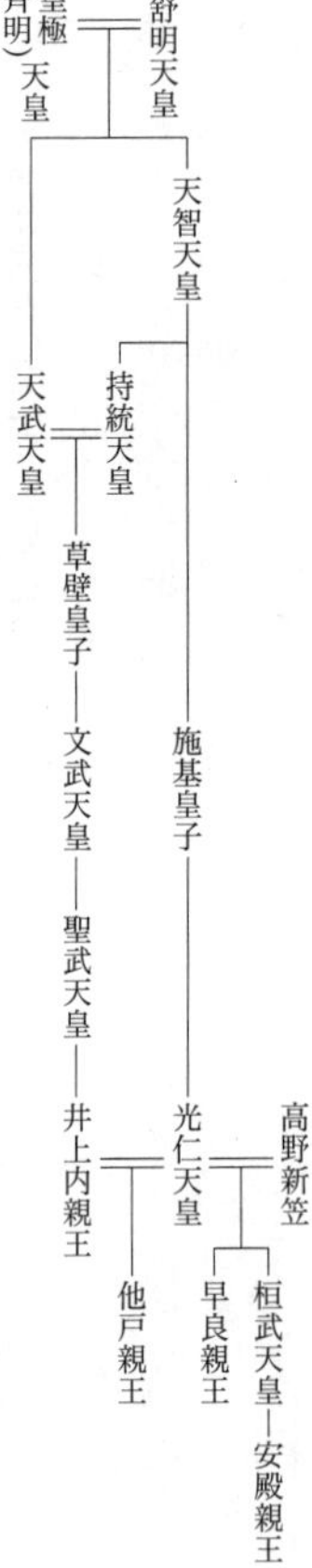

が、桓武即位の決定打になったことだ。桓武天皇も早良皇太子も、藤原氏の仕組んだ陰謀によって実現したのだ。情勢は安定していたわけではなかっただろう。桓武天皇には男子がいたが、まだ幼かったから、早良親王の政治手腕が高く評価されたにちがいない。

　また、いくら藤原氏が権力を独占しようとしていたといっても、不満分子（反藤原派）は、少なからず存在していたはずだ。したがって、政敵との間に、何かしらの妥協点を見出そうとしていた可能性は高い。聖武天皇の手がけた大事業を継承していた早良親王ならば、反藤原派も納得してくれるという思いがあったかもしれない。それでなくとも、井上内親王と他戸親王をあこぎな手段で抹殺した直後で、祟りに怯えていたのだから、東大寺の「法力《ほうりき》」にすがりたいという気持ちが、どこかにあったのかもしれない。また、光仁天皇の時代、道鏡《どうきょう》によって歪められていた仏教政策の修正が行われたが、朝廷が新たな枠組みの中に仏教を取り込もうとしていたことも、大きな意味があったろう。

早良親王は「親王禅師」と呼ばれ、特権的な地位に立っていたが、「太政大臣禅《だいじょうだいじんぜん》師《じ》」という役職に任ぜられていた道鏡とよく似ているという指摘がある。

また、話は複雑になるが、光仁天皇には「親仏教的な姿勢があった」（高田淳「早良親王と長岡遷都　遷都事情の再検討」林陸朗先生還暦記念会編『日本古代の政治と制度』続群書類従完成会）といい、だからこそ早良親王に期待した可能性も高い。

さらに高田淳は、光仁朝末期から、政策に変化が現れると指摘する。仏教界に対する締め付けが厳しくなり、政教分離への道筋がつけられていく。それは桓武天皇を中心とする政治勢力が次第に実権を握るようになっていたからではないか、とする。そして、長岡京遷都も、このような政策と関連があるとするのである。

実際桓武天皇は長岡京に平城京の寺院を移転させなかったし、新たな寺院の建立も行われなかった。桓武はどこか潔癖性のようなところがある。

このような桓武天皇の「仏教嫌い」が分かってくると、早良親王の微妙な立場が明らかになる。親仏教派の光仁天皇の後押しを受けて立太子したものの、桓武天皇にとっては、邪魔な存在でしかなかったのだろう。しかも桓武天皇は、子供に皇位を継承させたかったにちがいない。

ここに、早良親王の悲劇は隠されていたのである。高田淳は、長岡京遷都も、早良親王潰しの目的があったと指摘し、次のように述べる。

寺院勢力を旧都に置き去りにすることにより、光仁朝の東大寺の最高指導者であり、前代までの政治と仏教との親密な関係の象徴的存在であり、また嫡子安殿《あて》親王の立太子実現の最大の障害である早良皇太子の支持基盤を崩し、政治的失脚に追い込み、安殿親王の立太子を実現しようとした桓武天皇の政治的策謀としての側面をもっていたと考えられる。（前掲書）

そのとおりだろう。

皇族が東大寺の頂点に君臨するただそれだけで、政治的な存在になってしまったのだ。それは聖武天皇の時代から続いてきた藤原氏と反藤原氏の暗闘の渦に巻き込まれることを意味していた。光仁天皇が即位し、井上内親王が抹殺された時点で、親王禅師は突然反藤原派の最後の希望の星になったのだから。

藤原種継《たねつぐ》暗殺事件の真相

早良親王の悲劇は、藤原種継の死にはじまる。

延暦《えんりゃく》四年（七八五）九月二十三日の夜、長岡京の造都責任者だった藤原種継が何者かに射殺されてしまった。桓武天皇は行幸中で、留守を早良親王が守っていた。藤原種継は桓武天皇の信任あつい人物だが、役所の造営が遅れていた。松明を掲げて下知しているところに、二本の矢が突き刺さった。

翌日、種継は息を引き取る。そして「弓の達者な舎人《とねり》（下級役人）ふたり」が捕まり、彼らを操っていたのは、大伴継人《おおとものつぐひと》と大伴竹良《ちくら》だったこともはっきりとした。取り調べていくとひとりの舎人が自供し、容疑者が早良親王の身辺に大勢いることが分かった。

事件の黒幕は、早良親王に親しく、春宮大夫《とうぐうだいぶ》だった大伴家持《やかもち》ということになった。大伴家持が早良親王をそそのかし、藤原種継暗殺計画を練り、早良親王の即位を画策したのだと『日本紀略《にほんきりゃく》』が記録している。

ただし大伴家持は、この時東北の蝦夷《えみし》征討に駆り出されていて、任地で前月に亡くなっていた。

皇太子の早良親王は捕らえられ、廃太子《はいたいし》を言い渡され、淡路国《あわじのくに》に流されてしまう。ところが早良親王は自ら食を断ち、淡路に移送中の船中で没してしまった。遺骸はそのまま、淡路に送られ葬られた……。もちろんこのあと、桓武天皇の子・安殿親王が、皇太子に冊立されている。

この事件、藤原種継が真っ先に殺されているために、「藤原氏は被害者」というイメージが強い。しかしこれは、藤原氏の内紛である。

藤原不比等《ふひと》の四人の子から藤原氏は四つのグループに分かれ覇を競っていた（武智麻呂《むちまろ》の「南家《なんけ》」、房前《ふささき》の「北家《ほっけ》」、宇合《うまかい》の「式家《しきけ》」、麻呂《まろ》の「京家《きょうけ》」）。藤原種継は式家で、しかも山背《やましろ》の有力者・秦《はた》氏とつながっていたから、長岡京遷都のあかつきには、式家が勃興することは、火を見るよりも明らかなことだった。秦氏もともに隆盛してしまえば、新たな権力闘争も起きかねない。

そこで他の藤原氏は、藤原種継（式家）と秦氏と大伴氏という当面の敵を一度に蹴落とすために、巧妙なカラクリを用意したとしか思えないのである。

つまり、事件をでっち上げたのは、「式家以外の藤原氏」であろう。そして、最大の被害者は、早良親王である。

早良親王の無念が修二会に隠されている

早良親王の謀反が濡れ衣であったことは、「祟りの激しさ」からもよく分かる。

延暦八年（七八九）、桓武天皇の母・高野新笠《たかののにいがさ》が亡くなり、翌年には桓武天皇の皇后・藤原乙牟漏《おとむろ》も死んだ。天然痘が大流行し、早良親王の祟りが噂され、桓武天皇は丁重に祀った。祟りは祟られる側にやましい気持ちがあって、はじめて成り立つ。早良親王は陰謀にはめられたからこそ、ちょっとした異変にも、みな震え上がったのだろう。このあと桓武天皇が崇道天皇の追号を贈った話はすでにしてある。御霊信仰《ごりょうしんこう》の高まりのきっかけのひとつが、早良親王の祟りであった。それはそれは、恐ろしかったはずだ。桓武天皇がこのあと完成間近の長岡京を棄て、平安京遷都を敢行せざるを得なかったのは、早良親王の呪いが恐ろしかったからにちがいない。

早良親王の死は断食ではなく、七日七夜食事も水も与えず、殺してしまったのが本当のところらしい。なんと残酷な手口だろう。相手を罠《わな》にはめておいて、罪のない人間を餓死させるなどということが、人間にできるのだろうか。しかもこの事実をねじ曲げ、「早良親王は食事をとらずに勝手に死んだ」と伝えている。藤原氏の手口は、あまりにも残酷だ。これに加担した桓武天皇も、同罪である。祟りが恐ろしくなければ、それこそ人間ではない。

しかも、早良親王は本来「高僧」であり、聖職者だった。『東大寺要録』には、安穏な生活に浸ることをせず苦行に甘んじ、入道《にゅうどう》したとある。純粋な気持ちで出家した早良親王は、「東大寺の僧」であることに誇りを持ち、俗世界の欲にまみれた人びととは、一線を画していたにちがいない。良弁の信任を得ていたことで、「本物の僧」であったことは証明されている。この人物の高潔な姿が目に浮かぶようだ。聖武天皇の遺志を継承しようと志したのだろう。貧しい者、恵まれない者たちとともに、この世に華厳世界を構築しようと目を輝かす早良親王の面影が、浮かんでくる気がする。

もちろん、だからこそ桓武天皇や藤原氏は、純粋で智略に富み人望の厚かったであろう早良親王が、恐ろしかったのだろう。

早良親王は藤原系の女人を娶《めと》っていない。これだけで、藤原氏に排除される理由は十分であるのに、拒否していたとするのなら、それは宗教人としての「気骨《きこつ》」であろう。

私がなぜ、早良親王の悲劇に注目したかといえば、修二会をはじめた実忠が、親王禅師のもとで活躍していたからであり、早良親王の悲劇を見届けた実忠が、修二会の中に「早良親王の鎮魂」の気持ちを込め、だからこそ東大寺の僧たちは、「なにがあっても、修二会の灯を絶やすことはしない」と、歯を食いしばってきたのではないかと思えてならないからである。

修二会（お水取り）は、物見遊山《ものみゆさん》で行く祭りではない。早良親王と東大寺、そしてヤマトの地で藤原氏に潰されていった多くの者たちの怨嗟《えんさ》の声が、籠もっているように思えてならないのである。

悲しい話だ。早良親王の無念を思い浮かべるだけで、胸がつまる。

東大寺には、いくつもの切ない歴史が、隠されているのである。

おわりに

巨大な東大寺の秘密……。それは、天皇家の秘密でもあった。

東大寺には、日本史の根幹にかかわる謎とヒントが隠されていたのだ。天皇とはどのような存在なのか、についてである。

三世紀から四世紀にかけて、ヤマトの盆地に日本各地の首長が集まり、前方後円墳という埋葬文化を共有するゆるやかな連合体が生まれた。そして、実権をもたない祭司王が擁立され、豪族たちが実権を握り、合議制による政局運営がはじまった。この祭司王こそ、天皇家の原型である。

ところが五世紀頃から、「強い政府」が求められ、六世紀に入ると、中央集権国家建設の気運が高まった。そして七世紀から八世紀にかけて、律令制度が整えられた。

律令制度は隋や唐の「権力を握った皇帝」のための法秩序だったが、日本に移入されてみると、法の規定が変化し、「強い政府の弱い王」が誕生したのだった。実権は太政官に委ねられた。「独裁者を生まない」という多神教的発想が、「強い王」を拒んだのである。

ところが、朝堂独占の野望に燃えた藤原氏が出現し、「天皇の秘めたる力」を悪用したことで、状況は一変する。「祭司王」はいつの間にか、「魔力を発揮する王」に化けたのである。

「天皇を利用するうまみ」を知ってしまった藤原氏は増長したが、麻薬には副作用が伴った。利用されつづけた天皇が、ついに反旗を翻し、藤原氏のコントロールが利かなくなってしまったのだ。そしてあろうことか称徳天皇は、「藤原に利用されるような天皇なら、いない方がまし」とばかりに、道鏡を即位させようと、目論んだのである。

平安時代、実権は再び藤原氏の手に戻るが、やがて天皇家は「院政」というカラクリを編み出し、一時的に実権を取り戻すことに成功する……。

「天皇の本質」「天皇の正体」がこれまでなかなかつかめなかったのは、天皇が時代ごとに、アメーバのように、変質していたからだ。そして、天皇がアメーバになってしまった現場が、東大寺だったのである。

なお、今回の文庫化にあたっては、歴史作家の梅澤恵美子氏、講談社生活文化局の島村理麻氏に御尽力いただきました。改めてお礼申し上げます。合掌。

二〇一四年一二月

関　裕二

天皇系図

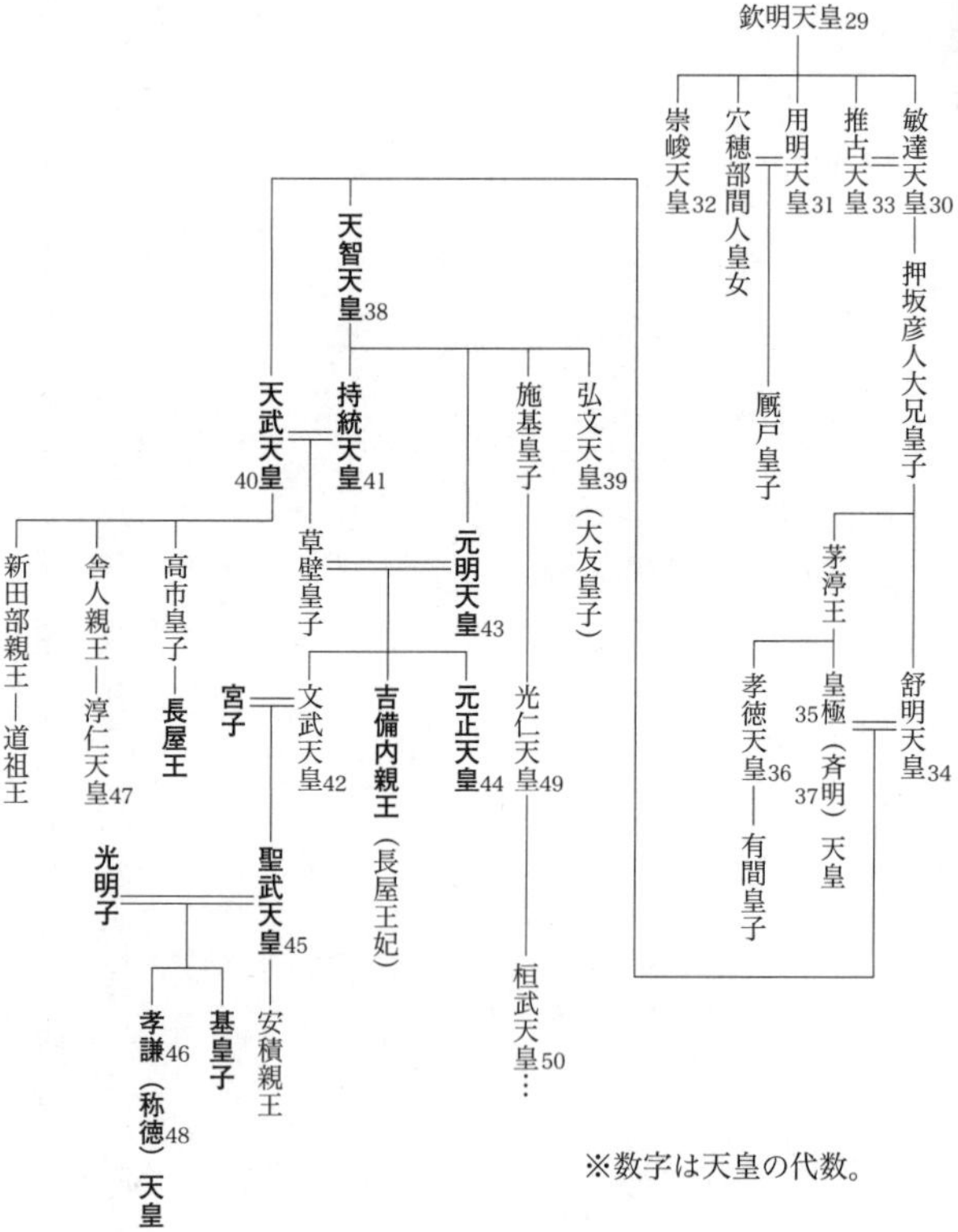

※数字は天皇の代数。

蘇我氏系図

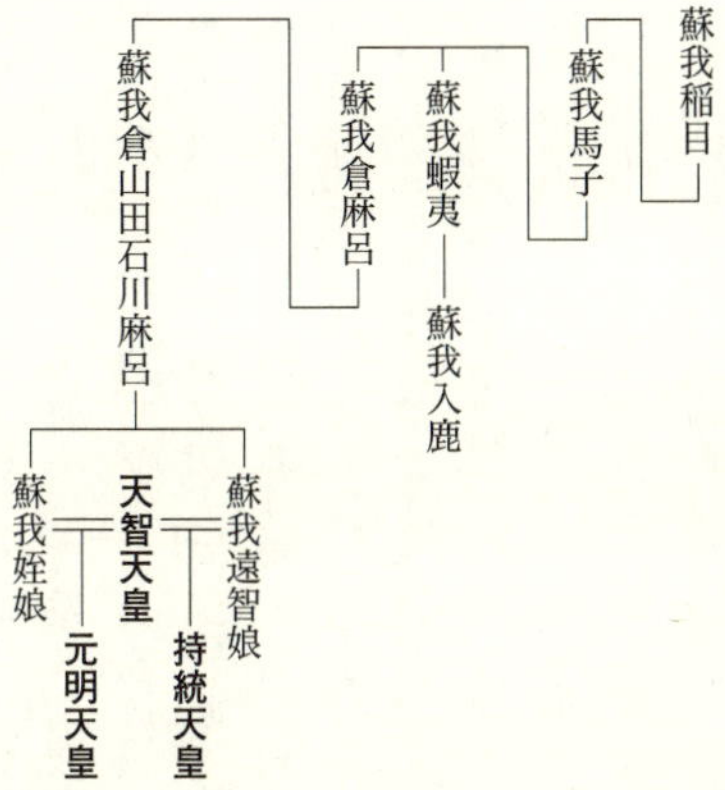
蘇我稲目
蘇我馬子
蘇我蝦夷
蘇我入鹿
蘇我倉麻呂
蘇我倉山田石川麻呂
蘇我遠智娘
天智天皇
蘇我姪娘
持統天皇
元明天皇

藤原氏系図

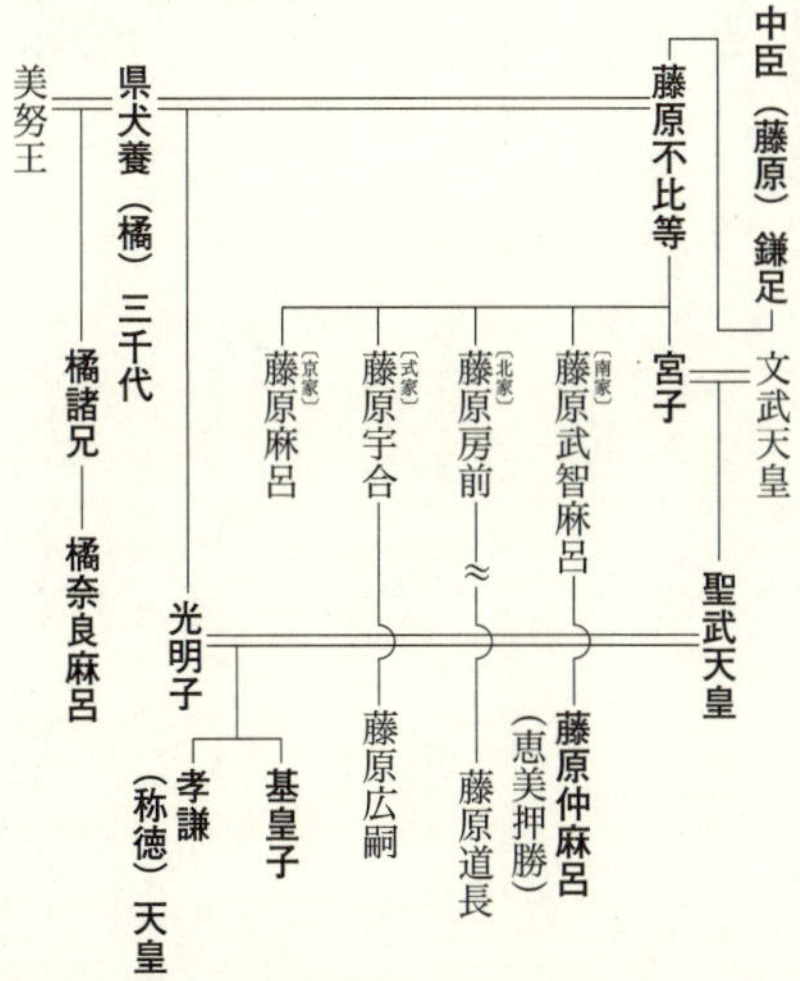
中臣（藤原）鎌足
藤原不比等
県犬養（橘）三千代
美努王
文武天皇
宮子
聖武天皇
〔南家〕藤原武智麻呂
〔北家〕藤原房前
〔式家〕藤原宇合
〔京家〕藤原麻呂
橘諸兄
橘奈良麻呂
光明子
藤原仲麻呂（恵美押勝）
藤原道長
藤原広嗣
基皇子
孝謙（称徳）天皇

参考文献

『古事記祝詞』日本古典文学大系（岩波書店）
『日本書紀』日本古典文学大系（岩波書店）
『風土記』日本古典文学大系（岩波書店）
『萬葉集』日本古典文学大系（岩波書店）
『続日本紀』新日本古典文学大系（岩波書店）
『日本の神々』谷川健一編（白水社）
『神道大系　神社編』（神道大系編纂会）
『古語拾遺』斎部広成撰　西宮一民校注（岩波文庫）
『藤氏家伝　注釈と研究』沖森卓也　佐藤信　矢嶋泉（吉川弘文館）
『日本書紀　1～3』新編日本古典文学全集（小学館）
『古事記』新編日本古典文学全集（小学館）
『古代国家と地方豪族』米田雄介（教育社歴史新書）
『行基と律令国家』吉田靖雄（吉川弘文館）
『日本の歴史3　奈良の都』青木和夫（中央公論社）
『華厳の思想』鎌田茂雄（講談社学術文庫）

『東大寺』東大寺編（学生社）
『奈良朝政争史』中川収（教育社歴史新書）
『正倉院への道』関根真隆（吉川弘文館）
『柿本人麻呂研究』神野志隆光（塙書房）
『天皇の歴史02　聖武天皇と仏都平城京』吉川真司（講談社）
『彷徨の王権　聖武天皇』遠山美都男（角川選書）
『聖武天皇』森本公誠（講談社）
『歴史のなかの天皇』吉田孝（岩波新書）
『日本古代国家成立期の政権構造』倉本一宏（吉川弘文館）
『万葉集大成　第十巻　作家研究篇　下』五味智英ほか（平凡社）
『不比等を操った女』梅澤恵美子（河出書房新社）
『県犬養橘三千代』義江明子（吉川弘文館）
『歴史を彩る女たち』杉本苑子（新塔社）
『〈聖徳太子〉の誕生』大山誠一（吉川弘文館）
『女帝』梅澤恵美子（ポプラ社）
『正倉院の謎を解く』米田雄介　木村法光（毎日新聞社）
『正倉院』原色日本の美術第４巻　土井弘（小学館）

『正倉院の謎』由水常雄（中公文庫）
『正倉院と日本文化』米田雄介（吉川弘文館）
『日本の古寺美術６　東大寺Ｉ〔古代〕』町田甲一企画　川村知行著（保育社）
『藤原仲麻呂』岸俊男（吉川弘文館）
『光明皇后』林陸朗（吉川弘文館）
『東大寺』平岡定海（教育社歴史新書）
『東大寺』東大寺編（学生社）
『東大寺お水取り　二月堂修二会の記録と研究』堀池春峰（小学館）
『金属と地名』谷川健一編（三一書房）
『お水取り』植田英介　川村知行（保育社）
『日本古代の政治と制度』林陸朗先生還暦記念会編（続群書類従完成会）

本書は二〇一一年十二月に小社から刊行された単行本『東大寺の暗号』を加筆修正の上、文庫化したものです。

終章は書き下ろしです。

関 裕二－1959年、千葉県柏市に生まれる。歴史作家。仏教美術に魅了され、奈良に通いつめたことをきっかけに日本古代史を研究。1991年に『聖徳太子は蘇我入鹿である』（ワニ文庫）でデビュー。以後、精力的に活動を続けている。
著書には『応神天皇の正体』（河出書房新社）、『源氏と平家の誕生』（祥伝社新書）、『仏像と古代史』（ブックマン社）、『伏見稲荷の暗号 秦氏の謎』『藤原氏の悪行』（以上、講談社）、『古代日本列島の謎』『「古代史」謎解きのヒント』『「天皇家」誕生の謎』『「女性天皇」誕生の謎』『「祟る王家」と聖徳太子の謎』『伊勢神宮の暗号』『出雲大社の暗号』『古代史謎めぐりの旅 神話から建国へ』『古代史謎めぐりの旅 ヤマトから平安へ』（以上、講談社＋α文庫）などがある。

講談社＋α文庫 東大寺《とうだいじ》の暗号《あんごう》

関《せき》 裕二《ゆうじ》

2015年1月20日第1刷発行

発行者――――鈴木 哲
発行所――――株式会社 講談社
東京都文京区音羽2-12-21 〒112-8001
電話 出版部(03)5395-3529
販売部(03)5395-5817
業務部(03)5395-3615
カバー写真――関 裕二
デザイン―――鈴木成一デザイン室
本文データ制作――講談社デジタル製作部
カバー印刷――凸版印刷株式会社
印刷――――豊国印刷株式会社
製本――――株式会社千曲堂

落丁本・乱丁本は購入書店名を明記のうえ、小社業務部あてにお送りください。
送料は小社負担にてお取り替えします。
なお、この本の内容についてのお問い合わせは
生活文化第二出版部あてにお願いいたします。
Printed in Japan ISBN978-4-06-281583-3
定価はカバーに表示してあります。